Wolfgang Brenneisen
Das Büchle vom Ruhestand

Wolfgang Brenneisen

Das Büchle vom Ruhestand

Eine heitere Anleitung in 24 Episoden
Mit Zeichnungen von Sepp Buchegger

Silberburg-Verlag

Der Autor:
Wolfgang Brenneisen, Jahrgang 1941,
aufgewachsen in Oberschwaben,
hat sich in vielen Büchern und Hörspielen mit
Themen und Problemen auseinandergesetzt,
die jeden Schwaben umtreiben.

2. Auflage 2011

© 2009/2011 by Silberburg-Verlag GmbH,
Schönbuchstraße 48, D-72074 Tübingen.
Alle Rechte vorbehalten.
Umschlaggestaltung: Anette Wenzel, Tübingen,
unter Verwendung einer Zeichnung von Sepp Buchegger.
Druck: Freiburger Graphische Betriebe, Freiburg im Breisgau.
Printed in Germany.

ISBN 978-3-87407-824-5

Besuchen Sie uns im Internet
und entdecken Sie die Vielfalt unseres Verlagsprogramms:
www.silberburg.de

Inhalt

Eine frühe Vision. 7
Die Couchkartoffel 11
In der Oper 14
Im Supermarkt 18
In der Beiz. 22
Das verfluchte Rauchen 26
Die Kaffeefahrt 30
Der Hosenkauf 34
Die Kehrwoche 37
Das verfluchte Schnarchen. 41
Der Spaziergang 45
Die Axt im Haus. 49
Der Geburtstag 53
Beim Arzt 57
Das Einkehren. 61
Die Nickerle-Kultur 65
Neue Möbel 69
Die Kleidung. 73
Die Kur 77
Die Ernährung 81
Der Computer. 84
Das Heiligsblechle. 88
Das Fernsehen. 92
Der Mann als Haushaltshilfe 96

Eine frühe Vision

Berthold

Ich will Ihnen mal eine Geschichte aus dem wirklichen Leben erzählen – echt passiert! Es ist schon einige Zeit her. Ich war im Büro an meinem Arbeitsplatz eingeschlafen. Der Grund muss Überarbeitung gewesen sein. Die Vorgänge häuften sich auf dem Schreibtisch und Dutzende noch zu beantwortende E-Mails lagerten im Computer. Grauenvoll! Irgendwann kann der Mensch nicht mehr. Die Japaner haben ein spezielles Wort dafür: Karoshi – Tod durch Überarbeitung. Ich war schon knapp davor. Dennoch zwang ich mich dazu, meinen Oberkörper aufrecht und meine Augen offenzuhalten. Aber mein Körper in seiner Weisheit merkte, dass mein Kopf zu viel wollte, und zog die Reißleine. Ich weiß nicht, was im Einzelnen geschah – plötzlich war ich weggetreten und befand mich in einer anderen Welt.

Es war eine Welt ohne Schreibtisch und ohne Computer, und wie ich an mir heruntersah, bemerkte ich, dass ich keine Hose und kein Hemd anhatte und dass mir keine Krawatte den Hals zuschnürte. Ich trug eine Art bequemes Nachthemd und mir war so leicht, dass ich glaubte, fliegen zu können. Und wie ich mich ein wenig mit dem Fuß abstieß, da schwebte ich einen halben Meter in die Höhe. Ich wedelte etwas mit den Armen und tatsächlich, ich konnte fliegen! Wie war das möglich?

Als ich mich etwas umschaute, sah ich noch andere menschenähnliche Wesen, die auch herumschwebten und -flogen, mit einem gelösten, zufriedenen Gesichtsausdruck. Sie sangen. Die einen sangen »Hosianna«, die anderen »So ein Tag, so wunderschön wie heute«. War das jetzt eine Szene nach einem gewonnenen Fußballspiel? War die deutsche Nationalmannschaft Europameister geworden?

Da wendete eines der androiden UFOs in einer schönen Schleife, und ich entdeckte auf seinem Rücken Flügel. Jetzt fiel es mir wie Schuppen von den Augen: Es waren Engel, ich war im Paradies, ich war im himmlischen Ruhestand! Ruhestand – was für ein herrliches Wort! Wenn Sie mich fragen, es ist das schönste deutsche Wort. Ich hatte es mir schon tausende Male vorgesagt und jedes Mal hatte ich den Eindruck, das sei eine für mich auf ewig unerreichbare Fata Morgana.

Und nun hatte ich es wunderbarerweise geschafft. Bei dieser Erkenntnis machte ich vor lauter Freude einen Luftsprung. Die Wirkung war phänomenal. Auf irdische Verhältnisse übertragen wäre ich spielend über den Stuttgarter Fernsehturm gesegelt. Aber mitten im Orbit legte sich ein Gedanke schwer auf meine unsterbliche Seele: Wenn ich hier im himmlischen Ruhestand war, dann musste ich das Zeitliche gesegnet haben, wie man so sagt. Das aber bedeutete, dass ich, direkt von meinem Arbeitsplatz abberufen, meinen irdischen Ruhestand nicht hatte wahrnehmen können! Ja sapperlot! Da schafft man und schafft man und kriegt am Ende weder Rente noch Pension! Was meine Frau Irmhilde dazu sagen würde, konnte ich mir lebhaft vorstellen.

Sie werden verstehen, dass ich mich jetzt trotz aller Genugtuung, den himmlischen Ruhestand erreicht zu haben, jesasmäßig zu ärgern begann. Das Fliegen und Pfludern war mir mit einem Schlag ziemlich verleidet. Verdrossen schwebte ich im Sinkflug herab. Auf dem himmlischen Gelände stand ein Stuhl, auf dem ich landete. Vom Sitzgefühl erinnerte er mich an meinen Bürostuhl. Ich wollte mir den ganzen Vorgang gründlich durch den Kopf gehen lassen. Vielleicht gab es himmlischerseits eine Reklamationsabteilung, bei der ich vorstellig werden konnte. Wenn mir nur mein Schreibtisch, mein Telefon und mein Computer zur Verfügung stehen würden! Denen würde ich was erzählen!

Da klopfte mir jemand von hinten auf die Schulter und ich hörte eine schwäbische Stimme: »Ja, was glaubet Sie eigentlich?« Ich war etwas erschrocken, aber gleichzeitig auch gerührt. Dass im Himmel schwäbisch geschwätzt wurde, war mein frommer Wunsch gewesen – und jetzt diese schöne Überraschung! War das Sankt Peter, der mich nach meinem Glauben fragte? Katholisch oder evangelisch?

Die schwäbische Stimme fuhr aber fort und sagte: »Heißet Sie des etwa schaffa?« Ich fuhr hoch – und erwachte. Neben mir stand mein Chef und sah mich äußerst unfreundlich an. Er hatte einen Mitarbeiter schlafend während der Arbeitszeit angetroffen. Ja Heimatland!

Es war also nichts mit dem himmlischen Ruhestand und meinen irdischen sah ich auch in Gefahr. Ich erklärte meinem Chef, wie es zu dieser außergewöhnlichen Situation gekommen sei, wie ich mich stets bemüht hätte, mein Letztes und Bestes zu geben, und wie ich haarscharf am Karoshi vorbeigeschrammt sei. »Karoshi?«, wiederholte er und Unglauben war in sein Gesicht geschrieben. »Des hör i zum erschta Mol! Des klingt wie a saublöde Ausred, a saublöde!«

Ich musste Himmel und Hölle in Bewegung setzen, um diese Scharte wieder auszuwetzen. Mein Hausarzt attestierte mir ein lebensbedrohliches Burnout-Syndrom, und der Betriebsrat stand hinter mir wie ein Mann. Nun, es ging noch mal gut. Aber ich bin nie wieder auf meinem Schreibtisch eingeschlafen. Ich gab mein Bestes und Letztes und rackerte all die vielen Jahre wie ein Pferd.

Was mich in dieser harten Zeit aufrechterhielt? Die Vision des Ruhestands, wie ich sie in jenem denkwürdigen Traum gehabt hatte. Am ersten Tag meines irdischen Ruhestands würde ich mir ein luftiges Nachthemd anziehen, mir wäre ganz leicht, ich würde durch die Wohnung schweben und singen: »So ein Tag, so wunderschön wie heute ...« Und wenn die Irmhilde sagen würde: »Ja Berthold, spinnscht du?!«, dann würde ich antworten: »Jo, i spinn. Des ka i mir jetzt leischta!«

Die Couchkartoffel

Irmhilde

Der Berthold ist ja etwas früher in den Ruhestand getreten als ich. Das war anfangs nicht so ideal, denn ich musste noch ins G'schäft, während er zu Hause sein Pensionärsleben in vollen Zügen genoss. Nun, ich sagte mir: »Irmhilde, bald hoscht du's au so guat wie der!«, und dieser Gedanke hielt mich aufrecht. Unser gemeinsames Leben würde trotz der Ungleichgewichte einigermaßen weiterlaufen.

Mit einem hatte ich allerdings nicht gerechnet: dass der Berthold seinen Ruhestand extrem wörtlich nehmen würde. Das Ruhen war jetzt seine Hauptbeschäftigung. Er ruhte vor allem beim Sitzen und beim Liegen, und dafür eignete sich unsere Wohnzimmercouch offensichtlich besonders gut. Kaum hatte er am Morgen sein Ruhebett verlassen, suchte er, nach den Anstrengungen im Bad und am Frühstückstisch, nach Möglichkeiten, um sich auszuruhen. Auf der Couch konnte er, wie er sagte, in aller Ruhe die Zeitung lesen, Radio hören, ein Nickerchen machen, fernsehen, wieder ein Nickerchen machen und dabei wurde er so müde, dass er am Ende des anstrengenden Ruhetages die Couch mit dem Bett vertauschen musste. Ich sage Ihnen, es war eine Katastrophe! So schlafmützig hatte ich mir den Lebensabend nicht vorgestellt.

In Amerika, habe ich gelesen, sei so ein Leben oder besser Vegetieren auf der Couch weit verbreitet. Die Leute liegen phlegmatisch wie die Kartoffeln vor dem Fernseher und werden dementsprechend genannt: couch potatoes, also Couchkartoffeln. Die einzige Aktivität besteht im Verzehren von riesigen Mengen von Kartoffelchips – kein Wunder, dass diese

Menschen zwangsläufig die Unförmigkeit von Kartoffeln annehmen.

»Berthold«, ermahnte ich ihn, »willscht du dich obedingt in eine Couchkartoffel verwandeln?« Wissen Sie, was er darauf antwortete? Er begnügte sich mit einem einzigen Wort: »Awa!« Wenn ich im Wohnzimmer staubsaugte, lag er auf der Couch in seiner männlichen Majestät und ließ sich von dem quirligen Geschehen einfach umbranden. Natürlich musste schließlich auch die Couch gesäubert werden. »Auf, Berthold, lupf dei Fiedla!«, sagte ich. Dann erhob er sich unwillig, trollte sich – und machte es sich im Sessel gemütlich, als Sesselkartoffel sozusagen. Wie sollte das nur enden?

Wir sind mit Hans-Dieter und Eva befreundet, das sind auch Ruheständler wie wir, allerdings sind sie eher sportiv veranlagt. Jogging, Walking, Radfahren, Schwimmen, Bergsteigen, Keulenschwingen – ich kenne gar nicht alle ihre Aktivitäten. Dementsprechend sehen sie auch aus: schlank, drahtig, energiegeladen, kurz: so richtige graue Panther. Ich klagte ihnen mein Leid, und zusammen heckten wir eine Strategie aus, um den Berthold von der breiten Straße der verhängnisvollen Bequemlichkeit abzubringen.

Berthold und ich hatten die beiden zu einem gemütlichen Abend eingeladen. Normalerweise praktizieren Hans-Dieter und Eva überall ihren gesunden Lebensstil, also auch bei uns, das heißt, zwischendurch stehen sie auf und machen ein paar Kniebeugen, lassen die Arme kreisen oder kräftigen sich mit den mitgebrachten Hanteln. An diesem Tag jedoch hauten sich beide gleich auf Bertholds geliebte Couch, stellten ungefragt den Fernseher ein und gingen eifrig auf die Kartoffelchips los, die ich haufenweise bereitgestellt hatte.

Berthold war konsterniert. Was denn plötzlich mit ihnen los sei, wollte er wissen. Ja, sie hätten ihre Lebensprinzipien umgestellt, erwiderten Hans-Dieter und Eva. Sich immer alles verkneifen, das sei doch auf die Dauer nix. Lebensgenuss sei jetzt angesagt, noch mal so richtig auf den Putz hauen – wer weiß, wie lange noch das Lämpchen glüht!

Es war ein interessantes, wenn auch etwas einseitiges gemütliches Beisammensein. Hans-Dieter und Eva verabschiedeten sich ein wenig wankend und dankten uns für den schönen Abend.

»Omeglich! Die zwei sind omeglich!«, sagte Berthold zu mir kopfschüttelnd. Sie seien eindeutig auf die schiefe Bahn geraten. Na ja, er hatte sich selbst wie in einem Spiegel gesehen. Das war für ihn ein heilsamer Schock. Schlagartig änderte er seine Gewohnheiten und wurde fast schon wieder ein normaler Mensch.

Das nächste Mal waren wir bei Hans-Dieter und Eva eingeladen. Riesentüten mit Kartoffelchips lagen bereit, und der Fernseher war eingeschaltet. Berthold machte ihn gleich aus, da man sich bei der ständigen Berieselung nicht unterhalten könne, wie er sagte. Dann schob er die Chips weit von sich und las den Gastgebern gehörig die Leviten. Wenn sie so weitermachten, würden sie sich in unförmige Couchkartoffeln verwandeln! Man müsse doch nicht alles den Amerikanern nachmachen!

Hans-Dieter und Eva setzten einen zerknirschten Gesichtsausdruck auf und versprachen sich zu bessern. Und Berthold war mächtig stolz auf sich. »Sigscht, Irmhilde, des war die Stimme der Vernunft«, sagte er befriedigt. Ich nickte und fügte hinzu: »Und die, Berthold, hot aus deinem Munde gesprocha ...«

In der Oper

Berthold

Dass ich ein passionierter Opernliebhaber bin, kann ich nicht gerade behaupten. Es sind Jahre, ja Jahrzehnte vergangen, ohne dass ich die Oper von innen gesehen oder gehört hätte. Von außen habe ich sie dagegen schon öfter gesehen. Wenn zum Beispiel Besuch da war und ich die Leute zu den Sehenswürdigkeiten der Stadt zu führen hatte, dann ging ich halt auch zu dem Gebäude und sagte mit bescheidenem Stolz: »Das ist unsere Oper.« Und der Besuch sagte: »Aha, das ist also eure Oper.« Das war's dann auch schon. Mehr wollte keiner wissen.

Manchmal konnte ich sogar einen Blick ins Innere der Oper werfen, aber das war im Fernsehen. Ehrlicherweise muss ich zugeben, dass ich nie die Geduld aufbrachte, mir eine Opernaufführung länger als ein paar Minuten lang anzusehen. Die Leute auf der Bühne kamen einfach nicht voran. Selbst wenn einer einen Dolch in der Brust stecken hatte und eigentlich wie vom Blitz getroffen hätte zu Boden fallen müssen, konnte er sich zu einem langen Abschiedsgesang mit erstaunlich kräftiger Stimme aufraffen. Da bin ich vom Boxen her anderes gewöhnt. Wenn Wladimir Klitschko seinem Gegner eine punktgenaue Gerade reinsemmelt, dann geht das ruckzuck mit dem Niedergang. Es ist noch nie vorgekommen, dass der Getroffene zu singen anfing: »Ich falle jetzt, schaut her, ich falle jetzt zu Boden, zu Bohoden ...« und sich trotzdem noch zehn Minuten auf den Beinen hielt.

Na ja, die Irmhilde ist ja musikalischer und geduldiger veranlagt als ich und hat sich angeblich, wenn ich mal abends weg war, ganze Opern von A bis Z reingezogen. Manchmal schwenkt die Kamera, wenn die Handlung auf der Bühne besonders zäh ist, in den Zuschauerraum, und da hat die Irmhilde einmal nicht nur den Herrn Ministerpräsidenten entdeckt, sondern auch die Frau Schupp aus unserer Straße. »Also Berthold«, sagte sie, »mir sottet au amol in die Oper! Des wär ein Erlebnis – awa, ein Event!« Ich pflegte dann immer zu antworten: »Irmhilde, für die Oper braucht man Zeit. Das machen wir, wenn wir pensioniert sind.« Was man halt sagt, wenn es nicht gar so pressiert.

Sodele, jetzt waren wir nun aber beide im Ruhestand, und plötzlich wurde die Sache dringlich. Nicht für mich, ich hätte mich noch gut mit der alten, bewährten Lösung der Opernfrage begnügen können, aber die Irmhilde entwickelte jetzt einen geradezu missionarischen Eifer. Ich könne doch nicht immer nur vor der Glotze sitzen und Fußball gucken – was natürlich schamlos übertrieben war, denn ich sehe mir ja auch Boxen und sogar die Olympischen Spiele an. Aber sie sagte, der Mensch, auch und gerade der ältere, müsse einen kulturellen Ehrgeiz entwickeln und bestrebt sein, über sich hinauszuwachsen und eine allseits gebildete Persönlichkeit zu werden.

Nun gut, ich ließ mich überreden. Herrschaftssechse, das wurde eine teure Angelegenheit! Ich meine nicht nur die Tickets, die so teuer waren wie bei einem Spiel des VfB, sondern auch die Friseur- und Bekleidungskosten, denn die Irmhilde sagte kategorisch, wenn ich wie gewohnt daherkäme, würde sie sich mit mir in der Oper zu Tode schämen. Es musste also ein dunkler Anzug her. Ich machte alles mit und durch und wunderte mich beinahe selbst über meine stoische Gelassenheit. Aber als Ruheständler ist man etwas wurschtiger eingestellt, und man will auch nicht, dass der häusliche Frieden gestört wird.

Und dann waren wir tatsächlich in der Oper. Ich muss sagen, dass wir zwei, die Irmhilde und ich, eine gute Figur abgaben. Sie hatte ein festliches Abendkleid an, ein rotes oder ein grünes, glaube ich, so genau weiß ich es nicht mehr. Und ich sah aus wie ein erfolgreicher Bankdirektor. Schade, dass der Herr Ministerpräsident an diesem Abend nicht auch dabei war. Sein Auge hätte sicher wohlwollend auf mir geruht.

Es fing geheimnisvoll an. Im Halbdunkel wurden die Instrumente gestimmt, dann ging der Vorhang hoch, alles war so hell und sauber, und die Menschen auf der Bühne waren so schön gekleidet. Die Musik erklang melodisch und lieblich, und ich hatte das deutliche Gefühl, dass ich kulturell über mich hinauswachsen würde.

Doch dann wurde es wieder so wie im Fernsehen, das heißt, es ging wieder furchtbar umständlich und langsam zu. Meine Aufmerksamkeit erlahmte, und ich fragte mich, wie ich die nächsten zwei Stunden überstehen würde. Dank meiner inzwischen gewonnenen Erfahrung kann ich Ihnen einen fabelhaften Trick verraten, wie man das schafft: Man schließt die Augen und gibt sich ganz dem Musikgenuss hin. Gesungen wurde auf italienisch, wobei am oberen Rand der Bühne die deutsche Übersetzung in Kurzfassung eingeblendet wurde. Jetzt blieb mir das langatmige, nervtötende »Ich falle jetzt, ich falle« erspart – ich verstand ja nichts mehr. Ich hätte auch im Wald sein können, und die Vöglein hätten in ihrer Sprache tiriliert.

Plötzlich erhielt ich aber einen schmerzhaften Rippenstoß, und die Irmhilde zischte: »Berthold! Schlofa ond schnarcha in dr Oper – schämscht du di net, du Bachel?!« Ich riss mich also zusammen und hielt die Augen offen.

Zum Glück war dann Pause, und ich holte zwei Gläser Schampus von der Theke im Foyer. Damit kehrten meine Lebensgeister wieder zurück, und ich sang halblaut in Richtung Irmhilde: »Ich nehme hier ein Schlückle, ein Schlückle nehm ich hier« – also ganz wie auf der Bühne, wo alles mindestens

zehnmal wiederholt wird. Erneut wurde ich von der Irmhilde ermahnt, mich zu benehmen. Aber dann begegneten wir Frau Schupp und ihrem Mann, und wir tauschten ziemlich kennerhaft, wage ich zu behaupten, unsere Eindrücke aus.

Nach der Pause lief es recht gut. Anfangs war ich noch durch den Schampus angeregt und fand alles durch die Bank großartig. Später wurde ich wieder müde, rettete mich aber im Großen und Ganzen durch einen weiteren Trick, den ich Ihnen hier gerne verrate: Man kann auch mit quasi offenen Augen schlafen, wie man das den Hasen nachsagt. Auf alle Fälle kann man so relaxed dösen und das ganze Spektakel einfach an sich vorbeirauschen lassen. Das ist natürlich eine Technik, die man entwickeln, ausbauen und verfeinern muss. Deshalb freue ich mich schon auf den nächsten Opernabend.

Die Oper hieß übrigens »Così fan tutte« und das bedeutet: »Das machen sie doch alle.« Das gab mir zu denken. Sollte es so sein, dass alle oder viele oder immerhin nicht wenige genauso wie ich ...?

Im Supermarkt

Irmhilde

Früher war der Supermarkt nicht unser Lieblingsort. Das hing damit zusammen, dass wir beide im G'schäft waren und notgedrungen abends oder am Wochenende einkaufen mussten. Und zu diesen Zeiten drängen sich bekanntlich im Supermarkt alle wie im Stuttgarter Weindorf. Nur bleibt es im Supermarkt immer eine große Drucketse, ohne dass sich diese je in eine gemütliche Hocketse verwandeln würde. Da kamen wir vom Einkauf völlig geschafft nach Hause und mussten dann zu allem Überfluss auch noch die ganze Logistik im Haus besorgen, also das diverse Zuigs an den richtigen Stellen einräumen.

Das ist jetzt, wo wir beide im Ruhestand sind, ganz anders. Wir können zu den richtigen Zeiten das schlichte Einkaufen in ein entspanntes, genussvolles Shopping-Event verwandeln. Es fängt schon mit dem großzügigen Parken an, denn man muss sich nicht wie zu den Stoßzeiten ganz hinten in eine Lücke drängeln, sondern man hat jede Menge Platz. Manche sind angesichts des tollen Raumangebots so enthemmt, dass sie gleich zwei Parkflächen für ihr mickriges Kärrale in Anspruch nehmen. Das kriegen wir nicht fertig, denn wir halten so etwas für eine Unverschämtheit und Granatasauerei.

Wir schnappen uns ein Einkaufswägele und ziehen los wie andere mit dem Kinderwagen. Mal schiebe ich das Wägele, mal der Berthold – in dieser Beziehung hat sich die Gleichberechtigung bei uns voll durchgesetzt. Anders ist es ja bei dem anderen Wägele, also dem Heiligsblechle, da gibt der Berthold nur ungern das Steuer aus der Hand.

So fährt also unsere dreiköpfige Familie, der Berthold, ich und das Wägele, in die Wunderwelt der Waren ein. Es sind noch andere Familien dieser Art unterwegs, wobei die ältere Generation eindeutig dominiert. Man sieht es gleich, die Pensionäre und Rentner halten die Volkswirtschaft am Laufen, ohne sie wäre es im Supermarkt gespenstisch leer. Manchmal ist eine Familie auch etwas jünger, dann lässt sich ein Kind im Wägele herumkutschieren und schreit vor Vergnügen. Wie schön! Diese kleine Person, der man ihr Potenzial gar nicht ansieht, wird einmal für die zukünftigen Renten sorgen.

So ein Supermarkt ist eine ganze Welt für sich, man könnte da einen halben Tag verbringen. Es gilt, die Sonderangebote in Augenschein zu nehmen und sie mit denen in anderen Läden zu vergleichen. Manche Ruheständler sind mit dieser lohnenden Aufgabe voll ausgelastet, es ist eigentlich ein Full-Time-Job, Schnäppchenjagd rund um die Uhr.

Häufig gibt es an einer Stelle des Supermarkts einen kleinen Stand, an dem kostenlos Appetithäppchen angeboten werden. Man soll probieren, schwach werden und dann eine Großportion nach der anderen in das Wägele laden. Bei mir verfängt das nicht, aber der Berthold ist halt ein schwacher Charakter. Er isst ein Versucherle, dann noch ein zweites, jetzt hat er angeblich vergessen, wie das erste geschmeckt hat, also braucht er noch ein drittes Versucherle, und wenn dann zu alledem die Versuchung von einer blonden weiblichen Person ausgeht, brennen bei ihm alle Sicherungen durch. Er würde unser ganzes Wägele mit Landjäger, Schafskäse, Kartoffelsalat oder Kinderschokolade vollpacken. »Berthold«, sage ich, »denk an dei Choleschterin!« Manchmal hilft das, aber das nächste Mal hat er schon wieder alles vergessen.

Ja, wer ist denn da? Das Ehepaar Bopp mit seinem Wägele, ebenfalls emeritiert. Zeit für ein Schwätzle. »Hend Se's au scho g'hört?« – »Ja was denn?« Und dann geht es los. Ein Stündle ist im Nu vorüber bei so angenehmer, anregender Unterhaltung.

Andererseits darf man den eigentlichen Zweck des Kommens nicht aus den Augen verlieren: Es soll ja schließlich eingekauft werden. Da drüben stehen übrigens die Rehms aus unserer Straße, auch mit Wägele. Komische Leute sind das. Mal grüßen sie, wenn man sie grüßt, das nächste Mal dagegen glotzen sie nur. Am besten lenkt man das eigene Wägele in die andere Richtung und schaut konzentriert in die Regale.

Zu viel Zeit sollte man im Supermarkt allerdings nicht verlieren, das ist uns nach einiger Zeit klar geworden. Ich sage Ihnen: Der Supermarkt darf nicht zum Hauptlebensinhalt werden, sonst gerät man in Gefahr zu verdummen. Dann denkt man am Ende, im Supermarkt sei es interessanter als in der Oper! Manche Leute geben zudem einen kümmerlichen Anblick ab, wenn sie sich schwer auf ihr Wägele stützen und im Schneckentempo durch die Gänge schlurfen, als seien sie in der Reha nach einer schweren Operation.

»Berthold, weischt du, was mir im Supermarkt brauchet?«, fragte ich einmal. Der Berthold, der Tschole, fing natürlich gleich mit Landjäger und Schafskäse an. Also schnitt ich ihm das Wort ab und sagte: »Berthold, mir brauchet a effizientes Zeitmanagement!«

Das funktioniert jetzt so: Jeder von uns schnappt sich ein Wägele und zieht mit speziellen Aufgaben los. Der Berthold geht in seine Lieblingsecken und besorgt dort Bier, Wein, Chips, Druckerpatronen, Zeitungen. Auch an der Wurst- und an der Käsetheke kann er seinen Mann stellen, wenn ich ihm vorher genau eingeschärft habe, was er kaufen soll. Den Rest besorge ich mit meinem Wägele.

Leider ist er nicht gefeit gegen Spontankäufe. Einmal kam er an, und sein ganzes Wägele war vollgeladen mit Toilettenpapier. »A Sonderangebot! Superginschtig!«, strahlte er. Günstig war es schon, aber auch einlagig, wenn Sie verstehen, was ich meine, und aus Recyclingpapier hergestellt. Ein trostloser Anblick und ganz unter unserem gewohnten Niveau! Umtauschen wollte der Berthold den Gruscht nicht, das sei unter seiner Würde. Er könne sich aber vorstellen, dass sich gerade dieses Papier hervorragend zum Isolieren eigne. Hm. Die Männer sind halt große Erfinder und große Sprücheklopfer.

In der Beiz

Berthold

Die Beiz gibt es vor dem Ruhestand, während des Ruhestandes und – der Gedanke ist tröstlich, erfüllt einen aber zugleich mit Wehmut – auch nach dem irdischen Ruhestand, wenn man selber gar nicht mehr darin sitzen, schwätzen und Viertele schlotzen kann. Die so genannten »Gerechten« schaffen es auch noch in den himmlischen Ruhestand, doch nach allem, was man weiß, geht es einem im Paradies zwar jesasmäßig gut, aber eine Beiz ist in den himmlischen Gefilden nicht vorgesehen. Da kann man natürlich schon ins Sinnieren kommen, ob das Paradies wirklich so perfekt und erstrebenswert ist.

Die Beiz ist also eine Konstante im Leben. Aber auch Konstanten erweisen sich manchmal als nicht so konstant, wie sie klingen. Als ich noch zum Schaffen ging, waren die Verhältnisse klar. Die eine Zeit verbrachte man im G'schäft, die andere in der Beiz, und es herrschte, möchte ich sagen, ein schönes Gleichgewicht. Immer nur G'schäft wäre nichts gewesen, aber immer nur in der Beiz rumsumpfen, das ist nur für das Hudelespack wünschenswert. Diese liederlichen Leute kommen selbstverständlich nicht in den Himmel. Sie kommen in die Hölle und zwar in eine Strafbeiz, da stehen große Humpen auf dem Tisch, und die müssen unerbittlich im Akkord ausgesoffen werden. Wenn ein Humpen leer ist, dann gießt ihn ein Unterteufel sofort wieder voll, und es heißt: »Ex und hopp – aber dalli!«

Ich war immer am Freitagabend in der Beiz und zwar bei unserem Stammtisch. Lauter Männer, wie es sich gehört. Die

Emanzipation hat zwar schon viel erreicht und erobert, aber der Stammtisch ist im Großen und Ganzen eine männliche Domäne geblieben. Ich gebe zu, die Irmhilde war nicht immer darüber erfreut, dass der Freitagabend permanent belegt war. Aber ich sagte: »Weischt, Irmhilde, kommscht eifach mit.« Doch davon wollte sie nichts wissen: »Schreia, saufa ond bleed rausschwätza – des ischt euer Beizaparadies!« Ich war mit dieser Absage zufrieden. Nicht auszudenken, was passiert wäre, wenn die Irmhilde mein rein rhetorisches Angebot angenommen hätte!

Die Lage der Dinge war eigentlich optimal, und es hätte auch im Ruhestand so weitergehen können. Aber es traten Veränderungen ein. Die eine bestand darin, dass in unserer Stammtischrunde nicht alle auf einen Schlag pensioniert wurden, und das führte zu Spannungen. Diejenigen, die noch schafften, konnten den Beizenaufenthalt nicht mehr so richtig genießen, wenn sie mit Leuten zusammensaßen, die jeden Tag Urlaub hatten. Zum Ausgleich redeten sie mit boshafter Hartnäckigkeit über die Welt der Arbeit, wie dort das Leben pulsiere, wie tüchtig sie seien und wie sie mit ihren sündhaft hohen Lohnnebenkosten das drohnenhafte Leben derer finanzierten, die nur auf der faulen Haut lägen.

Also dieses blöde Geschwätz ging uns Ruheständlern so auf den Keks, dass es zur Sezession kam: Wir stellten hinterlistigerweise den Antrag, den Stammtisch auf den Dienstagabend zu verlegen, und sagten, es sei nicht so schlimm, wenn einer mal nicht kommen könne. Wie zu erwarten war, lehnten die Schaffenden das kategorisch ab: Am Freitagabend dürfe nicht gerüttelt werden, das sei Tradition, und überdies könnten sie dann am nächsten Tag auch mal ausschlafen. Sie, als Stützen der Gesellschaft, hätten nicht das zweifelhafte Privileg, jeden Morgen bis in die Puppen schlummern zu können.

Damit waren die Würfel gefallen. Die gemütlichen Drohnen haben jetzt ihren Stammtisch am Dienstag, die giftigen Arbeitsbienen am Freitag. Unsere Runde ist etwas kleiner geworden, und auch das Schreien, Saufen und blöde Herausschwätzen ging vom XXL-Format auf M-Niveau zurück, jedenfalls ist das mein Eindruck. Na ja, im Alter wird man sowieso etwas ruhiger und vernünftiger.

Das war also die erste Änderung der Konstante, doch es bahnte sich noch eine zweite an. Unsere Damen, die ja auch alle im Ruhestand sind, wollten mehr vom Leben haben, mehr von der Welt sehen, mehr erleben – kurz, sie wollten auch am Stammtisch teilhaben. Wir Herren suchten nach Ausflüchten, wir malten ihnen ihr frauenspezifisches Kaffeekränzle in glühenden Farben aus und sagten, sie könnten nach dem Kaffee noch ein Viertele trinken, dann sei es quasi auch ein

Stammtisch. Nix da, an einem Dienstagabend war der Stammtisch sozusagen paritätisch besetzt, und die Gleichstellungsbeauftragte der Stadt hätte ihre helle Freude an dem Anblick gehabt.

Ich muss sagen, ganz so schlimm war es gar nicht. Es heißt ja, wenn Damen bei einer Gesellschaft dabei wären, gehe es gleich gesitteter zu. Das traf auch bei unserer geschlechtlich gemischten Stammtischrunde zu. Es wurden weniger Viertele getrunken, man unterhielt sich in Zimmerlautstärke, und im Gespräch wurden auch kulturelle Themen abgehandelt. Dennoch hatte ich ein flaues Gefühl. Irgendwie war es nicht der wahre Jakob.

Mir fiel ein Stein vom Herzen, als mir die Irmhilde ein paar Tage später eröffnete, dass den Damen dieser eine Stammtischabend vollauf genügt habe. »Weischt Berthold, was ihr seid?«, fragte sie mich. »Ihr Männer seid rechte Langweiler ond Suppalalle! Euer Stammtisch ka sich vom Niveau her net mit onserm Kaffeekränzle messa!« Natürlich sagte ich nichts dagegen, sondern nickte nur schuldbewusst. Ich wollte nicht riskieren, dass die Damen ihr Urteil revidierten und unseren Männerstammtisch erneut heimsuchten.

Männer und Frauen passen einfach nicht zusammen, sagt Loriot. Da ist schon was dran. Aber zweimal im Jahr probieren wir es dennoch. Unser Männerstammtisch und das Frauenkaffeekränzle machen zusammen einen Ausflug, zum Beispiel eine Schifffahrt auf dem Neckar von Bad Cannstatt nach Hessigheim mit Einkehr in der Felsengartenkellerei. Da sitzen wir gemütlich in der Beiz und singen zusammen »Jetzt gang i ans Brünnele« und »Das Lieben bringt groß Freud« – zweistimmig! In solchen Momenten denke ich dann, dass der Herr Loriot doch nicht Recht hat.

Das verfluchte Rauchen

Irmhilde

Ich habe nur einmal in meinem Leben geraucht und zwar, als ich noch auf der Schule war. Als junger Mensch will man ja alles ausprobieren. Aber bei diesem Experiment wurde mir so schlecht, dass ich mir sagte: »Irmhilde, lass des bleiba!« Und von dieser vernünftigen Entscheidung bin ich nicht abgewichen, egal, ob irgendwelche Personen um mich herum qualmten wie die Schlote.

Anders liegen die Dinge beim Berthold. Der ist halt ein schwacher Charakter. Er sagt immer: »Mit 'm Raucha aufhöra isch leicht – des han i scho hondert Mol g'macht ...« Da sehen Sie es! Mit solch einer Einstellung kommt man doch auf keinen grünen Zweig!

Der Berthold hatte mir hoch und heilig versprochen, endgültig mit dem Rauchen aufzuhören, wenn er in Pension gehe. Zu diesem Zeitpunkt hat er tatsächlich mit dem Nichtrauchen angefangen, aber die heroische Phase dauerte ganze drei Tage. Dann sagte er, wenn ich noch im Arbeitsleben stehen und schaffen würde, sei das kein richtiger Ruhestand und überdies würde er jetzt nur in der Zeit rauchen, wenn ich im G'schäft wäre. Im Prinzip jedenfalls. Wenn ich im Hause sei und der Rauchteufel über ihn komme, dann würde er auf den Balkon gehen oder in den Garten oder auf die Straße. Im Prinzip jedenfalls, denn wenn es draußen zu kalt oder zu heiß oder zu regnerisch wäre, würde er ausnahmsweise beim Rauchen drinnen bleiben. Sie verstehen, der Berthold ist, wenn es ums Rauchen geht, wie ein Aal, der sich aus allen Versprechen herauswindet, oder wie eine Maus, die immer ein Loch findet.

Dann ging auch ich in Rente, und ich wusste: jetzt oder nie. Ich sagte also zu ihm: »Berthold, entweder du hörscht mit dem verfluchta Raucha endgültig auf oder ich beantrage die Scheidung!« Vor Schreck fiel ihm die Zigarette aus der Hand und brannte ein Loch in den Perser. Da war ich natürlich auf hundertfuchzig. An diesem Beispiel sieht man, welchen immensen volkswirtschaftlichen Schaden das Rauchen anrichtet, und das ist doch nur die Spitze des Eisbergs! Der Berthold war so verdattert, dass er gelobte, fortan dem heiligen Antonius nachzueifern, der (nach allem, was man weiß) auch keine Zigarette mehr angerührt hatte, sowie er sich seines bisherigen lasterhaften Lebenswandels bewusst geworden war.

Sodele, das war also der erste Schritt. Ein Machtwort meinerseits. Aber natürlich wusste ich, dass der Berthold mit reiner Willenskraft sein Ziel nicht erreichen würde. Er brauchte psychologische Beratung und Hilfe. Selbstverständlich wollten wir nicht die Dienste eines Psychotherapeuten in Anspruch nehmen. Da hätte sich der Berthold womöglich erst einmal auf die Couch legen müssen, und die Analyse würde mindestens fünf Jahre dauern – an die Kosten will man da gar nicht denken. Nein, ich ging in die Buchhandlung und kaufte das vielversprechende Buch »Nichtraucher in 14 Tagen«.

Der Berthold machte es sich mit dem Buch im Sessel gemütlich und wollte sich erst mal eine Zigarette anzünden, um sich dann in die Materie zu vertiefen. »Berthold, koine faule Kompromisse!«, sagte ich und nahm ihm den Glimmstengel weg. Da war ihm schon alles verleidet, und er wollte gar nicht mit der Lektüre anfangen. Sie sehen also, was für eine schwere Aufgabe das für mich war! Ich musste ihm als Coach, wie es heute heißt, sagen, was er zu tun hatte.

Als Erstes musste ich das Buch selber lesen, da sich der Berthold in seine Schmollecke zurückgezogen hatte. Sie, das war vielleicht interessant! Ich bedauerte, dass ich nicht selbst Raucherin war, dann hätte ich die tausend Tricks, die in dem Buch aufgezählt wurden, am eigenen Leib ausprobieren können.

Der Witz ist, dass sich der Raucher sozusagen selbst das Leben schwer macht. Das ging folgendermaßen: Der Berthold durfte tatsächlich in seinem Sessel rauchen – aber der Sessel stand jetzt im Flur. Wenn er also vor dem Fernseher saß und eine rauchen wollte, musste er das Wohnzimmer verlassen, um draußen vor der Tür seinem Laster zu frönen. Da machte ihm das Rauchen gleich viel weniger Spaß. Dann wurde der Rauchersessel in die Garage gestellt – da war es noch ungemütlicher. Und schließlich stand der Sessel auf der Terrasse, wobei auf die Außentemperatur keine Rücksicht genommen wurde. Es war gerade Dezember, und das bedeutete Rauchen unter fast arktischen Verhältnissen.

Der Berthold machte alles brav mit. Unter diesen strengen Umständen rauchte er weniger und weniger. Als ich mich fragte, ob wir jetzt den Rauchersessel in die Eisenbahnunterführung stellen müssten, um das Rauchvergnügen noch mehr zu reduzieren, verkündete der Berthold: »Schluss! Des ischt mir z' bleed! Ab heut wird nemme g'raucht!«

Toll! Wir hatten es geschafft! Der Berthold rauchte nicht am nächsten Tag und auch nicht am übernächsten und die ganze nächste Woche nicht. Der »Rauchersessel« konnte wieder in das Wohnzimmer zurückgestellt werden und war jetzt ein Nichtrauchersessel.

Aber man soll den Tag nicht vor dem Abend loben. Nach drei Wochen kam ich einmal von der Gymnastik nach Hause – da saß der Berthold in dem Sessel und rauchte wieder! »Des muss an dem Sessel liega«, sagte er zur Erklärung und Entschuldigung. »Wenn i den seh', muss i immer ans Raucha denka ...« Alles umsonst!

Trotzdem hat es der Berthold schließlich doch noch geschafft, Nichtraucher zu werden und zwar aus eigener Kraft.

Er las nämlich in der Zeitung, dass ein Nichtraucher im Durchschnitt 81 Jahre alt werde, ein Raucher dagegen würde schon sieben Jahre früher über den Jordan gehen. Wer jedoch den Ausstieg noch rechtzeitig schaffe, habe eine gute Chance, die sieben Jahre wieder hereinzuholen. »Sieba Johr! Des sind sieba Johr Pension! Des macht –«, und dann nahm der Berthold seinen Taschenrechner und rechnete aus, was ihm da an Geld durch die Lappen gehen würde. Als er die Zahl ausgerechnet hatte, waren die Würfel endgültig gefallen. Seitdem hat der Berthold keine Zigarette mehr angerührt.

Wenn jetzt anderweitig herumkritisiert wird, dass die Schwaben zu sehr aufs Geld aus seien, muss man dazu sagen: Die Liebe zum Geld ist absolut gesundheitsfördernd, oder net?

Die Kaffeefahrt

Berthold

Für Kaffeefahrten hatten wir uns nicht interessiert, solange wir noch im G'schäft waren. Oder sagen wir so: Wir machten unsere eigenen Kaffeefahrten mit dem eigenen Auto. Also fuhren wir zum Beispiel nach Bad Waldsee, gingen einmal um den See herum und kehrten dann in einem netten Café ein, wo wir Kaffee und Kuchen bestellten. Um uns herum saßen anscheinend auch Leute, die es so ähnlich hielten wie wir.

Als wir nun beide im Ruhestand waren, passierte Folgendes. Die Irmhilde machte bei einem Preisausschreiben mit, das sich ausdrücklich an Senioren richtete. Dank ihres in einem langen Leben gesammelten Wissens war es für sie ein Leichtes, die nicht ganz einfachen Fragen in Nullkommanix zu beantworten. Eine Briefmarke drauf, einwerfen und wenn nichts daraus werden würde, hätte sie doch immerhin eine nette kleine Beschäftigung gehabt und eine Steigerung des Selbstwertgefühls erfahren.

Doch es kam eine Antwort. Irmhilde hatte einen beachtlichen Gewinn erzielt, und zwar bestand dieser in einer Kaffeefahrt für zwei Personen. Ich hatte also ohne mein Zutun gleich mitgewonnen. Inklusive sei eine üppige Bewirtung mit Kaffee und Kuchen und ein Präsentkorb mit feinsten italienischen Spezialitäten, der sogar auf einem Blättchen abgebildet war und bei dessen Anblick einem das Wasser im Mund zusammenlief. Inklusive sei auch ein aktueller medizinischer Vortrag mit spezieller Berücksichtigung älterer Menschen und ihrer gesundheitlichen Probleme. Es sei eine unbeschwerte, heitere Fahrt ins Blaue, hundertzwanzig Kilometer würden auf alle

Fälle zurückgelegt werden, durch schönste landschaftliche Panoramen. Ein Kostenvorschuss von 15 Euro pro Person sei erforderlich, doch das stelle nur eine verwaltungstechnische Maßnahme dar, um die Abrechnung mit dem Busunternehmen übersichtlich zu gestalten. Wir könnten davon ausgehen, dass wir am Zielort reichliche, ja überreichliche Entschädigung erhalten würden.

Irmhilde war erfreut, aber auch ein wenig misstrauisch. »Berthold, was isch, wenn die uns Rheumadecka verkaufa wellet? Und unsere dreißig Euro nemme hergebet?« Ich antwortete, dass wir die Rheumadecken standhaft zurückweisen könnten und dass wir auf alle Fälle einen ordentlichen Gegenwert erhalten würden: Fahrt, Kaffee und Kuchen und dann noch den Geschenkkorb. Im Prinzip könne da nichts schiefgehen.

So dachte ich, aber der Kaffeefahrtteilnehmer denkt und der Kaffeefahrtorganisator lenkt. Wir begaben uns zur festgesetzten Zeit an den Ort, wo uns der Bus abholen sollte. Die erste Überraschung: Es war ein ziemlich bejahrter Bus, der wohl bald nach Afrika verkauft werden würde, wo die Leute nicht so heikel sind wie bei uns.

Der Busfahrer stellte sich als Schorsch vor, duzte alle durch die Bank und war ein entschlossener Mann. Die Mitreisenden waren so alt wie wir oder noch älter. Kaum setzte sich der Bus in Bewegung, schaltete Schorsch den Kassettenrecorder ein. Es gab Lieder wie beim Musikantenstadl in Bierzeltlautstärke. Manchen der Fahrzeuginsassen schien diese Beschallung zu gefallen, vielleicht waren sie aber auch schon so schwerhörig, dass sie nur noch Vogelgezwitscher zu vernehmen glaubten. Schüchtern vorgetragene Bitten, die Musik wenigstens leiser zu stellen, wischte der Schorsch mit einem »Awa!« zur Seite.

Nach einer guten Stunde hatten wir unser Ziel erreicht. Es war eine Landgaststätte hinter den sieben Bergen. Schorsch ließ uns raus, und wir waren wie erschlagen von der plötzlich einsetzenden Stille. Später hörten wir Hühner gackern und eine Ziege meckern. Es konnte jetzt also noch so richtig idyllisch und gemütlich werden.

In der geräumigen Gaststube war für uns gedeckt. Die Kuchenstücke lagen schon auf den Tellern. Jeder Person war ein Stück Apfelkuchen zugeteilt, von schlichter Machart, in keiner Weise vergleichbar mit unseren gewohnten Leckereien in Bad Waldsee. Der Kaffee stand in Thermoskannen bereit, war zwar heiß, aber auch etwas dünn, und vor allem war die Menge knapp bemessen. Immerhin ergatterte jede Person eine Tasse – dann aber war auch schon Schluss.

Das alles hatte seinen guten Sinn, denn es sollte ja der medizinische Vortrag beginnen, und wenn der Bauch voll ist, studiert er bekanntlich nicht gerne und hört sich nur unwillig gelehrte Worte aus Professorenmund an.

Nun ja, es handelte sich eindeutig um einen Juniorprofessor von kaum dreißig Jahren. Es war ein junger, dynamischer Mann, der uns erst einmal unsere Gratis-Präsentkörbe reichte, um unsere Sympathien zu gewinnen. Und wieder gab es eine Riesenüberraschung, denn die »Präsentkörbe« entpuppten sich als Plastiktüten, und statt Parmaschinken, Parmesan, erlesener Pasta und Amarettini fanden sich darin: 1 Dose grobe Leberwurst, 1 Packung Hochzeitsnudeln, 100 Gramm Scheiblettenkäse und 1 Dose Fruchtmixgetränk.

Der Juniorprofessor begann mit seiner Vorlesung, es ging um Rheuma und um – Rheumadecken. »Hammir's doch halber denkt!«, zischte die Irmhilde zu mir. »B'schiss vorn und henta!« Der junge Mann forderte Ruhe. Er malte das Rheuma in den schrecklichsten Farben aus und pries die neue Heildecke an, die für 89 Euro sensationell billig sei. »Im Einzelhandel zahlen Sie das Dreifache, mindestens! Sie sehen, Ihre vorgestreckten 15 Euro kommen jetzt spielend wieder herein!«

Er nahm sich jedes Kaffeefahrtopfer einzeln vor. Einige kauften tatsächlich eine Decke, manche sogar zwei. Als die Reihe an uns kam, sagte ich mit fester Stimme: »Mir hend koi Rheuma! Mir brauchet nix ond mir kaufet nix!« Damit waren wir die schwarzen Schafe in der Runde, und der junge Mann wandte sich mit bösem Gesicht dem nächsten potenziellen Kunden zu. Zu diesem Zeitpunkt war uns noch nicht klar, was wir uns mit unserer Widerborstigkeit eingehandelt hatten.

Als es nämlich an die Rückfahrt ging, verlangte der Schorsch plötzlich von uns beiden pro Person 15 Euro Rückfahrtgebühr! »So bleed möcht' i sei!«, rief ich. Aber da ging die Tür zu, und der Bus fuhr ohne uns ab. Wir standen da mitten in der Pampa, mutterseelenallein.

Was tun? Als moderner Mensch, der mit allen Wassern gewaschen ist, zog ich mein Handy aus der Tasche und rief den Hans-Dieter und die Eva an. Ob sie uns aus der Einöde erretten könnten? Ich musste ihnen die Umstände erzählen und hörte am anderen Ende ein herzhaftes Gelächter.

Aber die zwei kamen. Jetzt wurde es noch richtig gemütlich. Wir luden unsere Retter zum Veschper ein, und da wir jetzt alles bar bezahlten, lief der Wirt zu unerwartet großer Form auf.

Natürlich machten wir bald wieder eine Kaffeefahrt. Aber nach Bad Waldsee und im eigenen Auto. Wir gingen einmal um den See herum und spechteten in unser Café. Keine Rheumadecken weit und breit und keine medizinischen Dozenten. Beschwingt gingen wir hinein. Jetzt war für uns die Welt wieder in Ordnung.

Der Hosenkauf

Irmhilde

Ich sage es gleich ganz offen: Der Hosenkauf ist eine mittlere Katastrophe. Nicht wenn ich mir eine Hose kaufe, da gibt es keine Probleme. Ein Problem tritt nur dann auf, wenn der Berthold eine neue Hose kaufen soll.

Dieses Problem hat es zwar schon immer gegeben, also auch, als wir beide noch im Berufsleben standen, aber jetzt im Ruhestand hat es sich erheblich verschärft. Warum? Weil der Berthold jetzt noch mehr Argumente auf Lager hat, um sich vor dem Hosenkauf zu drücken. So sagt er zum Beispiel, es gebe noch die eine braune Hose, die er kaum getragen habe, die könnte doch jetzt zum Einsatz kommen. Allerdings habe ich dieses Wertstück schon vor Jahrzehnten zur Kleiderspende gegeben, weil es total aus der Mode war.

Nachdem der Berthold das kapiert hat, kommt er mit dem Argument daher, als Pensionär brauche er gar nicht so viele Hosen. Die eine, die er gerade anhabe, sei völlig ausreichend, er müsse doch nicht mehr im G'schäft repräsentieren und einen guten Eindruck machen. Dann sage ich: »Berthold, die Hos macht koin guata Eidruck auf mi!«, und ich zeige auf die Flecken und ausgebeulten Stellen.

Doch dann fällt ihm eine dritte Ausrede ein, und es könnte noch ewig so weitergehen. In dieser Situation hat es sich bewährt, wenn ich mit der Scheidung drohe. Ein Ehemann mit einer solchen Hose sei ein Ärgernis, mit dem könne sich die Ehefrau nur blamieren. Dann weiß der Berthold nicht so recht, ob ich ernst machen und ihn in seiner vergammelten

Hose sitzen lassen würde. Also stimmt er zähneknirschend dem Kauf einer neuen Hose zu.

Im Modegeschäft beginnt aber erst das eigentliche Theater. Wenn es nach dem Berthold ginge, würde er sich die erstbeste Hose vom Ständer schnappen und sich diese einpacken lassen. Ich muss ihn also erst einmal dazu überreden, eine Hose anzuprobieren.

Zuerst muss er sich also hinstellen und die Jacke aufmachen, damit sich der Verkäufer ein Bild von seiner Statur und seinem Bäuchle machen kann. Ein Bäuchle hat der Berthold schon seit Jahren, doch im Ruhestand sind noch ein paar Zentimeter dazugekommen. Das will er natürlich nicht wahrha-

ben, er hält sich immer noch für einen schlanken Adonis von zwanzig Jahren. Aber bei der Hosenanprobe lässt sich die Wahrheit nicht länger verdrängen – wahrscheinlich ist das mit ein Grund, warum er den Hosenkauf so scheut wie der Teufel das Weihwasser.

Sodele, jetzt ist der Berthold immerhin schon in der Umkleidekabine. Am liebsten wäre es ihm, wenn ich da auch dabei wäre, um ihn zu beraten. In Kleiderfragen ist er unselbstständig wie ein Kind. Aber erstens ist es in der Kabine zu eng, und zweitens sähe es blöd aus, wenn zwei Personen verschiedenen Geschlechts aus dem Versteck herauskämen, und dazu noch in unserem Alter. Der Berthold muss sich also behelfen und alleine in die neue Hose hineinfinden. Irgendwann muss der Mensch doch selbstständig werden, oder nicht?

Manchmal passt schon die erste Hose, dann gibt es kein Halten mehr, und der Berthold strebt unverzüglich zur Kasse. Wenn jedoch noch weitere Hosen anprobiert werden müssen, ist das ein Granatastress für alle. Der Berthold faselt dann immer etwas von der »Folterkammer«. Der Verkäufer braucht übermenschliche Kräfte, um nicht aus der Haut zu fahren, und meine Nerven liegen total blank. Schließlich haben wir das passende Beinkleid gefunden.

Aber das ist noch lange nicht das Ende vom Lied. Denn zu Hause meckert der Berthold, dass die neue Hose doch nicht so gut passen würde. Aber umtauschen will er sie auch nicht. Also trägt er missmutig die neue Hose und hört nicht auf zu bruddeln. Mit der Zeit jedoch gewöhnen sich er und sein Bäuchle an die neuen Verhältnisse, und das Bruddeln hört peu à peu auf. Nach einem Jahr ist es dann seine erklärte Lieblingshose.

Dann aber hat sie auch wieder etliche Flecken und ausgebeulte Stellen, und ich kann nicht umhin zu sagen: »Berthold, du brauchscht dringend a neue Hos!«

Die Kehrwoche

Berthold

Die Kehrwoche hat in der schwäbischen Werteordnung einen hohen Rang. Sie kommt gleich nach dem Häusle, dem Sparen und dem Heiligsblechle. Im Einzelfall kann es sogar zu einer dramatischen Verschiebung in der Hitliste kommen, wenn jemand dank Schaffen, Sparen und Erben alles erreicht hat – dann avanciert die Kehrwoche zum Hauptlebensinhalt.

Man muss allerdings einräumen, dass sich die Dinge unterschiedlich darstellen, je nachdem ob man noch schafft oder schon im Ruhestand ist. Ich gebe zu, dass ich früher die Kehrwoche nicht unbedingt als die Krönung meines Lebens betrachtet habe. Wenn man fix und fertig von der Arbeit heimkommt und dann noch zur Erledigung der Kehrwoche verpflichtet ist, reagiert man vielleicht unter Umständen – in schwachen Momenten jedenfalls – wie ein Nichtschwabe, der von Natur aus zur Schlamperei neigt. Aber im Großen und Ganzen habe ich es immer geschafft, mir einen moralischen Ruck zu geben und den Kehrwisch zur Hand zu nehmen. Dabei war auch die Irmhilde für mich eine große Hilfe und Antreiberin, wenn sie an mein besseres Ich appellierte: »Berthold, du bischt doch koi Drecksau, oder?«

Sodele, jetzt sind wir aber beide im Ruhestand, und da stellt sich auch das Problem, dass man etwas zu tun braucht. Man will ja nicht immer nur essen und fernsehen. Man will wie die Jungen aktiv und dynamisch sein und Hand anlegen. Da kommt die Kehrwoche gerade recht. Man kann zeigen, dass man in diesem Bereich durchaus mit den Jungen mithalten kann, ja dass man sie geradezu in den Schatten stellt.

Dabei mussten wir beide, die Irmhilde und ich, erst einmal eine wichtige Regelung treffen: wer wann die Kehrwoche machen darf. Ich kann Ihnen sagen, nichts ist frustrierender, als wenn man voller Tatendrang mit Kehrwisch und Kutterschaufel auf die Straße tritt – und dann sieht es da so sauber aus wie in der Wohnstube. In solchen Fällen hatte die Irmhilde der Versuchung nicht widerstehen können und hatte hählinga hinter meinem Rücken gekehrt. Nun, wir haben uns mittlerweile geeinigt, ich kehre an den geraden Tagen, sie an den ungeraden.

Natürlich gibt es da auch noch die Samstag- und Mittwochfrage. Der Samstag ist bekanntlich der Königstag der Kehrwoche, da sollte auch der letzte Faulenzer und Schmutzfink zum Kehrbesen greifen, um das Trottoir in einen blütenweißen Zustand zu versetzen, denn am nächsten Tag wandert die Kehrpflicht eine Station weiter. Man hinterlässt also auf dem Bürgersteig seine Visitenkarte. Deswegen ist das Samstagkehren die ultimative Herausforderung an den häuslichen Straßenkehrer, es verlangt höchste Konzentration, äußerste Gewissenhaftigkeit und größte ästhetische Sensibilität. Das Mittwochkehren dagegen ist sozusagen die Ouvertüre, der Aufgalopp zum späteren Paradeauftritt, also nicht ganz so wichtig, aber schon ein schönes Training, bei dem man andeuten kann, zu welchen Leistungen man fähig ist.

Nun kann es vorkommen, dass dem einen Kehrer mit der Regelung der geraden und ungeraden Tage zeitenweise mehr Samstage und Mittwoche zufallen als dem anderen. So haben die Irmhilde und ich uns geeinigt, dass wir genau Buch führen und gegebenenfalls einen Ausgleich für den Benachteiligten schaffen. Da sieht man, was in einer harmonischen Ehe alles möglich ist! In anderen Familien sollen die Mitglieder mit Kehrbesen und Kuttereimerdeckel aufeinander losgegangen sein, weil sie sich nicht einigen konnten.

Für Irmhilde und mich ist es ein Bedürfnis, auch an den anderen Werktagen ein wenig Feinschliff auf dem Gehweg vorzunehmen. Man kann das Pflaster nicht einfach sich selbst überlassen, es braucht Pflege, genau wie der Rasen. Ich sage Ihnen: Ebbes isch immer. Hier liegt ein Blatt, dort ein Hälmle, jetzt ist es eine Zigarettenkippe, und dort klebt – pfui Teufel! – ein ausgespuckter Kaugummi. Wenn man da immer bis zum

Mittwoch oder gar bis zum Samstag warten wollte, wäre das unappetitlich. Sie – ich könnte das nicht: seelenruhig im Wohnzimmer sitzen und daran denken, wie draußen der Dreck immer mehr zunimmt. Einen rechtschaffenen Menschen pfupfert's, nach dem Rechten zu sehen.

Nun darf ich nicht verhehlen, dass wir in unserer Wohnanlage mit unserer Einstellung nicht bei allen auf Gegenliebe stoßen. Das hängt zum einen sicher mit der Globalisierung zusammen. Die Leute kriegen im Fernsehen mit, wie es zum Beispiel in Kalkutta auf den Straßen aussieht, und sagen: Das wollen wir uns nicht gerade zum Vorbild nehmen, aber etwas indische Lässigkeit wäre bei uns auch nicht schlecht. Zum anderen hat ausgerechnet unsere Landeshauptstadt zur Aufweichung der guten Sitten beigetragen, denn dort wurde vor Jahren die Devise ausgegeben: Kehrwoche nach Bedarf.

Ja Herrschaftssechse, der Bedarf ist ein dehnbarer Begriff! Die Reichles, die immer vor uns Kehrwoche haben, sehen selten einen Bedarf, und so kommt es, dass wir regelmäßig deren Dreck erben. Wir haben also eine erschwerte, doppelte Kehrwoche!

Was soll man da machen? Ich sagte einmal zur Nachbarin: »Sie, Frau Reichle, gucket Se amol do!« und deutete auf einen veritablen Hundehaufen, den sie nicht weggemacht hatte. »Ach wissen Sie«, flötete die Person, »die Tiere wissen es nicht besser!« und schon war sie wieder weg.

Die Irmhilde und ich sagen uns: Oinaweg, wir machen immer eine Superkehrwoche, sodass man in dieser Zeit vom Trottoir essen könnte. Das machen wir klaglos Jahr für Jahr. Und irgendwann müssen die anderen – und auch die schlimmsten Säue – doch einfach merken, dass es viel schöner ist, durch eine saubere Welt zu schreiten. Steter Tropfen höhlt den Stein.

Das verfluchte Schnarchen

Irmhilde

Der Berthold hat schon immer geschnarcht, jedenfalls solange ich ihn kenne. Aber früher war das kein großes Problem, denn damals war sein Schnarchen noch sozusagen menschlich. Überdies gab es eine wirksame Abhilfe: Er kriegte einen Rippenstoß mit dem Ellbogen, dann grunzte er einmal vorwurfsvoll und drehte sich auf die andere Seite. Ich sagte mir, es wäre natürlich noch schöner, wenn er so friedlich schlafen würde wie ich, aber da der liebe Gott den Mann halt so geschaffen hat, wie er ist, mit all seinen unschönen und störenden Beigaben, musste man sich eben damit abfinden.

So hätte es bleiben können, auch im Ruhestand, aber es blieb nicht so. Der Berthold steigerte sich jetzt beim Schnarchen in allen Disziplinen, also in der Lautstärke, in der Häufigkeit und in der Dauer. Man hätte denken können, er wolle ins Guinness-Buch der Rekorde als der größte nächtliche Krachmacher. Heiligsblechle, ich hatte mir meinen Ruhestand erheblich ruhiger vorgestellt!

Wie war denn diese Änderung zu erklären? Ich stellte dem Berthold diese Frage, aber der Fetz behauptete eiskalt, er würde gar nicht schnarchen, denn er wäre doch der erste, der davon aufwachen würde. Ich musste den Kassettenrecorder auf sein Nachttischle stellen und über das eingebaute Mikrophon seine grässliche Kakophonie aufnehmen. Wenn er jetzt behauptet hätte, die Geräusche seien nicht von ihm, sondern von mir ausgegangen, hätte ich ihn in der nächsten Nacht beim ersten Schnarcher eigenhändig erwürgt!

Der Berthold muss meine stählerne Entschlossenheit gespürt haben, denn er verlegte sich aufs Erklären und sagte, das vermehrte Schnarchen müsse auf den Ruhestand zurückzuführen sein. Er sei jetzt viel entspannter als früher, als sich der ganze berufliche Stress lähmend auf seine Brust gelegt habe. Das Schnarchen sei also ein positives Zeichen und zeige, dass es ihm gut gehe. Da konnte ich mich aber nicht mehr länger zurückhalten und rief: »Aber mir gohts net gut bei dem donderschlächtiga Krach!«

Als aber der Berthold die Situation als gottgegeben und quasi naturgesetzlich abhaken wollte, zog ich die Konsequenz und nächtigte im Gästezimmer. Doch das liegt zur Straße, und jetzt störte es mich, wenn nachts gelegentlich ein Auto vorbeifuhr. Ich meine, der Gast kann froh sein, wenn er ein Dach über dem Kopf hat, aber als Hausherrin darf man doch höhere Ansprüche stellen, oder nicht? Überdies lamentierte der Berthold, dass er sich in unserem Doppelbett als Einzelperson verloren vorkäme. Er bat mich, wieder zu ihm zurückzukehren.

»Isch recht, Berthold«, sagte ich, »aber du muascht etzt ebbes gega dei verfluchtes Schnarcha doa!« – »Ja klar, Irmhilde! Aber was?« Wir beschlossen, uns gründlich zu informieren: beim Arzt, beim Apotheker, in der Stadtbücherei, im Internet – Sie, ich kann Ihnen sagen, das Schnarchen ist eine ganze Welt für sich! Eine Welt mit vielen Abgründen, aber auch mit vielen interessanten Erfindungen und angeblich todsicheren Hilfen.

Wir erfuhren, dass es sogar ein Schnarch-Museum gibt. Da war der Berthold gleich Feuer und Flamme und wollte schon am nächsten Tag nach Niedersachsen brettern, um sich kundig zu machen. Aber davon wollte ich wiederum nichts wissen, denn es stand ja zu befürchten, dass der Berthold dort fanatische Schnarchtäter antreffen würde, die sich gegenseitig Tipps geben, wie man seinen Mitmenschen den letzten Nerv rauben kann.

Auf den Rat des Apothekers hin probierten wir es erst einmal mit Schnarchtropfen. Ich hatte den Eindruck, dass es damit noch schlimmer wurde. Dann bekam der Berthold eine Schnarchbinde verpasst, die dafür sorgen soll, dass er die Gosch zuhält. Die hatte auch keinen Wert. Die nächste, größere Anschaffung war ein Antischnarchapparat. Im Prinzip macht er dasselbe wie ich mit dem Ellbogenstoß, das heißt, wenn ihm der Krach unerträglich erscheint, wird der Schnarcher geweckt. So soll er dazu erzogen werden, sich zusammenzunehmen. Aber der Berthold behauptete, mit diesem Foltergerät könne er überhaupt kein Auge mehr zumachen.

Ich war ziemlich mit den Nerven herunter. Nachts musste ich mir das Schnarchen anhören, das in extremen Fällen, so

hatte ich gelesen, die Lautstärke eines Presslufthammers erreichen kann, und tagsüber suchte mich der Gedanke heim, dass das Problem möglicherweise unlösbar sei.

In dieser Situation beschloss ich, eigene Untersuchungen anzustellen. Ich fand heraus, dass der Berthold immer dann gottsmillionisch schnarcht, wenn er auf dem Rücken liegt. Gelang es mir, ihn mit einem gezielten Rippenstoß zu wecken und dann auf die Seite zu rugeln, und blieb er da auch liegen, dann schlief er wie ein normaler Mensch, und ein himmlischer Frieden breitete sich in unserem Schlafzimmer aus. Allerdings hat der Berthold die Unart, dass er sich im Schlaf wieder in seine geliebte Rückenlage zurückdreht, und dann ist gleich wieder die Hölle los. Wie konnte man ihm das abgewöhnen?

Folgende Maßnahme hat sich als erfolgreich erwiesen: Ich habe ihm ein paar Tennisbälle in das Rückenteil seines Schlafanzugs eingenäht. Wieso denn das? Zum einen ist der Berthold ein Tennisfan, er hat früher alle Spiele von Boris Becker am Fernseher mitverfolgt und spielt sogar selbst, wenn auch mehr Altherrentennis. Er hat also sozusagen eine innere, fast schon liebevolle Beziehung zum Tennisball. Zum anderen ist es so, dass sich der Tennisball zwar gut zum Spielen eignet, weniger aber zum Daraufliegen. Wenn also der Berthold nachts wieder einmal seine geliebte Rückenlage einnehmen will, erinnern ihn die Tennisbälle daran, dass es eigentlich auf der Seite viel schöner ist.

Uff! Da fiel mir ein Stein vom Herzen, als das Schnarchproblem auf diese Weise gelöst war. Der Berthold behauptet übrigens, ich würde auch schnarchen, und zum Beweis hat er ebenfalls den Kassettenrecorder mit Mikrophon aufgestellt. Na ja, es stimmt schon, aber erstens schnarche ich viel leiser als er und zweitens nur, wenn ich einen Schnupfen habe. Eine Frau ist schließlich kein Presslufthammer!

Der Spaziergang

Berthold

Ist es nicht so, dass man allgemein den Spaziergang mit dem Ruheständler in Verbindung bringt? Andere Altersklassen können ihm nicht viel abgewinnen. Dem Kind ist er ein Gräuel, der Jugendliche will sich in der Disco abzappeln, und der im Berufsleben Stehende hat für eine solche gemächliche Fortbewegungsart überhaupt kein Verständnis. Er eilt von Termin zu Termin, und auch im Urlaub kann er nicht vom schweißtreibenden Sich-Abrackern lassen, da wird Rad gefahren, gesurft oder geklettert. Alles im Dienste der Gesundheit, versteht sich.

Dabei haben neueste medizinische Untersuchungen gezeigt, dass gerade das Spazierengehen eine der gesündesten Bewegungsarten ist. Wer regelmäßig spazieren geht, hat gute Chancen, die Pensionsgrenze zu erreichen. Macht er dann noch weiter, kann er glatt hundert werden. Was aber ein spazieren gehender Hundertjähriger noch erreichen kann, das übersteigt unser Vorstellungsvermögen.

Die Irmhilde und ich gehen fast täglich am Nachmittag spazieren. Wir haben verschiedene Wege, aber den einen gehen wir besonders gern. Er führt im Wald etwas bergauf, dann am Waldrand an Wiesen und Feldern vorbei und schließlich wieder in den Wald hinein, diesmal bergab. Die Szenerie ist abwechslungsreich, es fehlen eigentlich nur die Alpen und die Nordsee, aber so imposante Panoramen braucht man nicht jeden Tag.

Manche denken vielleicht: Ach, wie langweilig! Immer dieselbe Strecke, immer derselbe Film! Wer so rausschwätzt, hat keine Ahnung vom unerschöpflichen Reichtum der Spaziergangswelt. Schon mit den anderen Spaziergängern gibt es viel Abwechslung. Man könnte eine kleine Typologie aufstellen. Fangen wir mit einem Grenzfall an, dem Wanderer. Dieser möchte eigentlich nicht mit dem ordinären Spaziergänger verwechselt werden, deswegen hebt er sich schon durch die Kleidung ab: klobige Wanderstiefel, rote Strümpfe, Kniebundhose, Anorak, Filzhut und Rucksack. Man sieht gleich: Dem Wanderer ist es ernst, er will nicht durch die Gegend tändeln, sondern Leistung erbringen, seine Kilometer rabolza. Wenn man ihn grüßt, grüßt der Wanderer ernst zurück. Er schreitet wacker aus und ist bald entschwunden. Wanderer bewegen sich ähnlich wie die Wildschweine meist in Rudeln.

Einen ganz anderen Anblick bietet eine spazieren gehende Familie mit diversen Kindern. Hier sieht man keine zügige Bewegung wie bei den Wanderern, man denkt eher an einen sich gemächlich voranwälzenden Heerwurm. Manchmal kommt die Bewegung völlig ins Stocken, dann haben sich die Kinder seitlich ins Gebüsch geschlagen, sind in den Graben abgetaucht, haben sich auf den Weg gesetzt oder klettern Bäume hinauf. Die Eltern beweisen eine Engels- oder Schafsgeduld und gehen fraglos davon aus, dass die Gofen zu ihnen zurückfinden werden. Die Gehgeschwindigkeit einer solchen Gruppe beträgt alles in allem etwa einen halben Kilometer pro Stunde.

Schneller bewegen sich die Griller und Picknicker, die man am Wochenende antrifft. Man sieht deutlich: Die Leute wissen, was sie wollen, sie haben ein Ziel. Sie sind mit schwerem Sturmgepäck unterwegs, also mit Kühltaschen und Rucksäcken. Ein solcher Spaziergang ist kein Honigschlecken, da muss erst mal tüchtig geschafft werden, bis man den Grillplatz im Wald erreicht hat. Auf die Schönheiten der Natur wird weniger geachtet, man sieht mehr nach innen und hat die Vision von Grillwürsten, Steaks und Bier.

Eine weitere Variante des Spazierengehens wird meist von Frauen praktiziert, die sich hochinteressante Geschichten erzählen. Da gehen also zwei Frauen vor einem, mit mittlerem Tempo. Plötzlich muss die eine stehen bleiben, weil die Geschichte einen solch haarsträubenden Höhepunkt erreicht hat, dass die Füße geschockt ihren Dienst versagen. Auch die Zuhörerin kann jetzt keinen weiteren Schritt mehr tun, gebannt lauscht sie den Ausführungen. Wenn das Drama zu einem gewissen Abschluss gekommen ist, wird die Spaziertätigkeit wieder aufgenommen. Aber bald bleiben sie wieder stehen. Wenn man solche Leute auf dem Weg vor sich hat, ist es eine Katastrophe. Da hilft nur eines: mit zügigem Wanderschritt vorbeieilen.

Damit sind beileibe nicht alle Spaziergangstypen aufgezählt. Wenn man denkt, jetzt würde man alle Varianten kennen, kommt eines Tages eine neue Absonderlichkeit dazu. Die Irmhilde und ich halten uns von all diesen Auswüchsen fern. Wir gehen flott, aber nicht wie beim Nordic Walking (das die Praktizierenden ganz unterschiedlich interpretieren). Unsere Ohren sind in der Lage, Kuckuck, Specht, Eichelhäher, Waldtauben oder allgemeines Flöten und Tirilieren wahrzunehmen. Unsere Augen sehen auch einzelne herbstliche Blätter, die der Wind anmutig durch die Luft wirbelt. Wir riechen den beginnenden Frühling und spüren das aufziehende Gewitter. Was gibt es Schöneres, als die ersten Schneeflocken auf dem Waldweg zu erleben!

Das ist die poetische Seite des Spaziergangs. Aber für uns gibt es darüber hinaus eine praktische. Auf unserem Weg begegnen wir auch Pferden und Reitern. Das sind Begegnungen der ungleichen Art, denn der Reiter sieht herab auf den gemeinen Fußgänger, der nichts unter seinem Hinterteil hat, während dieser solche aufragenden, klappernden Kentauren auf dem schönen stillen Waldweg für deplatziert hält.

Aber: Nix isch so mend, dass net ebbes Guats dra wär. Oder mit anderen Worten: Die Gäule hinterlassen jede Menge Rossbollen. Diese bilden zwar ein Hindernis auf dem Weg, sind aber hervorragend geeignet für die Rosenpflege. Wir nehmen also immer wieder mal eine Plastiktüte und ein Schäufele beim Spazierengehen mit und versorgen uns mit 1A-Biodünger. Sie sollten mal die Rosen in unserem Garten sehen! Prachtexemplare! Das sind die schönen Folgen unserer schönen Spaziergänge.

Die Axt im Haus

Irmhilde

Der Spruch stammt ja von unserem Schiller, und vollständig heißt er: »Die Axt im Haus erspart den Zimmermann.« Ich bin deswegen so innig mit ihm vertraut, weil ihn der Berthold immer wieder mal benutzt. Er hat das Sätzle in der Schule gelernt, und es hat ihm einen mächtigen Eindruck gemacht. Sonst hat er ja viel vergessen, er weiß nicht einmal mehr, wie man Prozente ohne einen Taschenrechner ausrechnet, aber das mit der Axt wird ihm unvergesslich bleiben.

Gemeint ist, dass man als handwerklich genial begabter Mann (und welcher Mann ist das nicht?) viel selber machen kann, nicht nur im Haus, sondern auch ums Haus rum und sogar am Auto. Einmal ist der Berthold tatsächlich mit der Axt auf die Bühne geklettert, um etwas zu richten. Bei einem Sturm hatte sich angeblich die Satellitenschüssel etwas verschoben. Das Fernsehbild war dadurch nicht schlechter geworden, aber der Berthold hatte das deutliche Gefühl, dass etwas gerichtet werden musste, und ging nach oben. Ich saß vor dem eingeschalteten Fernseher, da tat es einen fürchterlichen Schlag – das Fernsehbild war weg, und es kam auch nicht wieder. Den Zimmermann im Haus hatte der Berthold also schon verspart, aber nicht den Fernsehtechniker, der kommen musste, um die Folgen von Bertholds Reparatur zu beseitigen.

Irgendwie hat der Berthold einen Ehrgeiz am falschen Fleck. Ich meine, mit Geld kann er gut umgehen, da hat er das richtige Verständnis schon mit der Muttermilch eingesogen. Wenn man ihm und seinem Taschenrechnerle eine führende Position in der Wall Street anvertraut hätte, dann wäre er dort genauso erfolgreich gewesen wie die Bänker von Lehman Brothers. Ich sage ihm immer wieder: »Berthold, bleib bei deine Leischta! Bleib bei deim Tascharechnerle!« Aber nein, die Geldgeschäfte reichen ihm nicht, er muss auch noch als Handwerker im eigenen Haus Überdurchschnittliches leisten. Nun ja, bei anderen ist es genau umgekehrt. Die sind handwerklich unheimlich geschickt und sparen durch ihre Eigenarbeit wahnsinnig viel Geld ein. Das stecken sie dann in Aktien hinein, die im Großen und Ganzen komplett den Bach na gehen. Da ist mir dann mein Berthold lieber, denn der Schaden, den er mit seiner Heimarbeit anrichtet, hält sich in Grenzen.

Dabei ist seine Leidenschaft zum Handwerklichen nicht immer gleich stark. Da lässt sich eine Tür nicht gut schließen, das müsste doch die richtige Herausforderung für den Berthold sein, denke ich mir. Aber nein, da sieht er keinen dringenden Handlungsbedarf, der Job ist wohl unter seiner Würde. Dann aber packt ihn unvermittelt der Tatendrang, und er möchte lieber heute als morgen ein Regal im Kellervorraum an die Wand dübeln. Es stellt sich heraus, dass er dafür nicht die richtige Bohrmaschine hat, er würde einen Schlagbohrer brauchen. Also lässt er alles stehen und liegen, um im Baumarkt ein solches Gerät zu erstehen. Strahlend kommt er wieder. Die vielgerühmte Hilti habe er nicht gekauft, die sei sauteuer und er sei doch nicht blöd, aber bei einem sagenhaften Sonderangebot für 19,99 Euro habe er zugegriffen. Ein richtiges Schnäppchen – der Berthold ist halt ein Genie mit einem ganz feinen Riecher.

Der Bohrer ist sehr sauber verpackt. Er müsste also erst einmal ausgepackt werden, und der Berthold müsste die Gebrauchsanweisung lesen – darauf hat er aber gerade keinen Bock. Das Anbringen des Regals ist plötzlich nicht mehr so wichtig. Jetzt müssen Bohrer und Regal unter Umständen ein halbes Jahr warten, bis sich die Aufmerksamkeit des Meisters wieder auf sie richtet.

Manche Dinge gestatten allerdings keinen so langen Aufschub. Unter dem Waschbecken tropft es. »Berthold«, sage ich, »mir müaßet da Inschtallateur holla!« Nix da! Der Berthold weiß, dass gerade diese Handwerkerklasse führend in der Ausbeutung gutgläubiger Hausbesitzer ist. Da es sich um Wasser handelt, also quasi um einen Stoff der Natur, sei die Hoffnung nicht unbegründet, dass sich die Natur auch selbst helfe. Überall

auf dem ganzen Erdball würden laufend Wasserquellen versiegen. In unserem Fall ist jedoch diese Hoffnung trügerisch, das Wasser versiegt nicht, im Gegenteil, es nimmt zu. Ein Eimer muss unter die unerwünschte Wasserquelle gestellt werden.

Schließlich kann sich der Berthold nicht der Einsicht verschließen, dass man dem Problem mit natürlichen Methoden nicht beikommt. Er geht in die Buchhandlung und ersteht das wertvolle Buch: »Selbst ist der Mann! 100 Reparaturen im Haus«. Nach einschlägiger Lektüre eilt er in den Baumarkt und erwirbt zwei Rohrzangen. Sodele, jetzt kann es losgehen. Er schraubt und klopft und ächzt und flucht, aber nach zwei geschlagenen Stunden hat er das Problem im Griff – es tropft nicht mehr. »Bischt a Fässle!«, sage ich zu ihm, das hört er gerne. Er schnurrte wie ein zufriedener Katzabohle.

Aber leider, leider hat das hinterlistige Wassersystem nur simuliert. Sowie sich der Berthold wieder in den Sessel gesetzt hat, macht sich das Wasser bemerkbar – und wie! Wir kommen mit den Eimern kaum noch nach. Ich hänge mich ans Telefon, rufe den Installateur an und flehe ihn an: »Kommet Se, aber schnell! Mir hend en Notfall!«

Der Installateur kommt tatsächlich bald, schaut sich die Sachlage an und sagt: »Wie ich den Laden kenne, hat es da wieder mal geheißen: ›Die Axt im Haus erspart den Zimmermann‹. Stimmt's oder habe ich Recht?« Dann stellt er erst einmal das Wasser ab, nimmt die Rohrteile auseinander, legt eine neue Dichtung ein, schraubt alles wieder zusammen, prüft, ob es noch irgendwo feucht ist, und lässt den Berthold den Auftrag unterschreiben.

Die Kleinigkeit kostete 80 Euro. Dazu sagte der Berthold: »Etz weiß i, wie's goht! 's nächschte Mol mach i des älles alloi! Des könna mir verspara!« Aber ich weiß ganz genau, dass ich, wenn es ums Wasser gehen sollte, ein Machtwort sprechen werde!

Der Geburtstag

Berthold

Geburtstag feiert man natürlich sein ganzes Leben lang, schon vom ersten Jahr an. Insofern bedeutet der Ruhestand keinen Einschnitt, die Serie geht einfach weiter. Es gibt also wie gehabt eine Geburtstagsfeier, es gibt Glückwunschkarten und Händedruck, und es gibt Geschenke. Dennoch hat dieser Feiertag jetzt eine andere Bedeutung und einen anderen Stellenwert als früher.

Das hängt damit zusammen, dass im Leben eines Pensionärs oder einer Rentnerin nicht mehr gar so viel passiert wie in der Berufszeit. Damals konnte man sich an einem Tag über seinen Chef ärgern, am nächsten Tag über einen Kollegen und am dritten über einen Handwerker, wegen dem man sich extra freigenommen hatte und der dann doch nicht kam. Es war also immer etwas los, und da konnte es sogar sein, dass man den einen oder anderen Geburtstag einfach vergaß.

Da fragte mich zum Beispiel die Irmhilde an einem Tag, woran ich heute denken würde. Komische Frage, ich antwortete: »Ich denke an den unverschämten Chef, an den blöden Kollegen oder an den gewissenlosen Handwerker.« Sie fragte dann vielleicht: »Denkscht du au an mi?« Einmal fuhr mir spontan als Antwort heraus: »Worom soll i an di denka?« O Herrschaftssechse, das war aber grottenfalsch, denn an diesem Tag hatte sie Geburtstag, und den hatte ich glatt vergessen!

Im Ruhestand kann das eigentlich nicht mehr passieren, denn da ist nicht mehr so viel los. Ich schaue auf den Übersichtskalender, Monat September. Alles frei, keine fünf Termine an einem einzigen Tag wie früher. Nur der 15. ist dick angestrichen: Irmhilde – Geburtstag! Das kann man einfach nicht übersehen. Wenn mich die Irmhilde, sagen wir, am 13. fragt: »Berthold, woran denkscht du?«, dann antworte ich wie aus der Pistole geschossen: »An deinen Geburtstag natürlich!« Und dann strahlt sie.

Andererseits ist das Geburtstagsfeiern bei einer Frau auch etwas heikel. Sie erwartet nämlich im Grunde ihres Herzens, dass sie mit jedem Geburtstag jünger wird. Nicht unbegrenzt natürlich, aber bis zu einer Altersgrenze von vielleicht 25 Jahren. Da würde sie zu der großzügig verjüngenden Natur sagen: »Stopp! Ich bin jetzt 25 und im nächsten Jahr bin ich – wieder 25.«

Selbstverständlich ist das nur ein frommer Wunsch, um den sich die Natur keinen Deut schert. Da muss der Ehemann ein mentales Gegengewicht schaffen, indem er sagt: »Herzlichen Glückwunsch zum **. Geburtstag! Mal ganz ehrlich, du siehst zehn Jahre jünger aus – echt!« Das ist dann das schönste Geburtstagsgeschenk, das man einer Frau machen kann.

Für den Geburtstag braucht der Ruheständler eine gute Kondition. Je nach Temperament sollte man sich also entweder vorher schonen oder systematisch trainieren, mit Waldläufen oder im Fitnessstudio. An diesem Festtag geht es nämlich zu wie im Taubenschlag. Die Leute geben sich die Klinke in die Hand: die Verwandten, die Freunde und Bekannten, die Nachbarn, die ehemaligen Arbeitskollegen, die Sportsfreunde, und an runden Geburtstagen schneit auch noch der Herr Bürgermeister oder der Herr Pfarrer ins Haus. Alle wollen einem die Hand schütteln. Alle wünschen einem noch viele schöne Jahre.

Wenn all die guten Wünsche Realität werden würden, dann würde man glatt zweihundert Jahre alt werden. Bei einem solchen runden Geburtstag wäre der Auflauf noch erheblich größer. Die Bundeskanzlerin und der Bundespräsident würden persönlich ihre Aufwartung machen, und ein Raunen und Rauschen ginge durch den journalistischen Blätterwald.

Doch bei solchen Zahlen kommt man schon ins Nachdenken. Einerseits freut man sich, wenn man wieder eine schöne Geburtstagszahl und damit einen neuen persönlichen Rekord geschafft hat. Andererseits wird einem auch etwas wehmütig ums Herz, denn man ahnt ja, dass es nicht ewig so weitergehen kann. So ist die Geburtstagsfeier im Ruhestand auch eine schizophrene Angelegenheit, und man erinnert sich an Reinhard Meys melancholisches Lied »Wirklich schon wieder ein Jahr ...«

Aber man sollte sich bemühen, auch an diesem Festtag positiv zu denken. Man muss die Dinge ja nur richtig sehen. Was, Sie sind schon achtzig? Dann haben Sie ja bereits fünfzehn oder gar zwanzig Jahre lang eine satte Pension oder eine schöne Rente eingestrichen! Wenn man das einem jungen Menschen voller Saft und Kraft in Aussicht stellen und garantieren würde, dann könnte er sich gar nicht mehr einkriegen vor lauter Glück, und er würde sich an jedem Arbeitstag begeistert den Arsch aufreißen, wie man heute so sagt.

Sodele, damit hätten wir auch das wieder auf die Reihe gekriegt. Es bleibt dann nur noch das Problem, dass der Geburtstag ein Riesenstress ist, der das ruhige Pensionärsleben ziemlich aufwühlt.

Die Irmhilde und ich haben unsere späten Geburtstage ein paar Jahre lang heldenhaft durchgestanden. Einmal aber hatten wir einfach keinen Bock darauf, wieder einmal einen großen Empfang zu geben und all die vielen Menschen zu bewirten und zu verköstigen. Wir ließen durchsickern, dass wir diesmal unsere Geburtstage (die ja nur drei Wochen auseinander sind) auf den Bahamas feiern würden.

Das war natürlich eine große Enttäuschung für diejenigen, die fest mit Irmhildes Träubleskuchen, Kartoffelsalat und Maultaschen und mit meinem Freibier beziehungsweise meinen Freiviertele gerechnet hatten. Gerüchteweise kriegten wir später mit, dass in unserem Bekanntenkreis auch viel Neid und Missgunst aufgekommen war. »Bahamas – ja spinnet die?«, soll der allgemeine Tenor gewesen sein. Tatsächlich hatten wir nur drei sehr schöne, ruhige Tage am Bodensee verbracht – was soll unsereiner auch auf den Bahamas?

Beim Arzt

Irmhilde

Häufigere Arztbesuche lassen sich mit fortgeschrittenem Alter nicht ganz vermeiden. Manche wollen zwar partout den Standpunkt beibehalten, dass sie selbst eine unverwüstliche Rossnatur haben und keinerlei medizinische Hilfe brauchen, aber das stellt sich dann als eine Illusion heraus. Von Zeit zu Zeit sieht man in der Presse Bilder von vitalen Hundertjährigen, die auf Grund einer radikalen Diät mit Knoblauch, Heringsschwänzen und Quellwasser ihr biblisches Alter erreicht haben, doch dazu könnten wir, der Berthold und ich, uns nicht durchringen. Dann doch lieber die schwäbische Ernährung mit Maultaschen, Spätzle, Kartoffelsalat und Viertele und dazu ein gelegentlicher Besuch beim Arzt, der in der Hauptsache den Speiseplan absegnen soll.

Etliche Ruheständler verhalten sich da anders. Sie rennen laufend zum Arzt, es ist fast ein Fulltime-Job, sie haben kaum noch Zeit für andere Tätigkeiten. Wenn es zum ambulanten Arztbesuch nicht reicht, lässt man sich den Dienstleister ins Haus kommen – schließlich nennt er sich ja »Hausarzt«! Einen Vorteil bringt es natürlich, wenn man eine solche hektische Aktivität zum Lebensmittelpunkt macht: Man hat viel zu erzählen. Logischerweise sind fünf Zipperlein ergiebiger als nur eines. Andererseits sind solche Gesprächspartner unweigerlich große Nervensägen, denn sie reden einen in Grund und Boden, sodass man kaum Gelegenheit hat, von der eigenen interessanten Krankheit zu berichten.

Also ich sage, man soll es nicht übertreiben mit den Arztbesuchen. Manchmal ist es auch so, dass man relativ gesund zum Arzt geht (jedenfalls fühlt man sich so) und eigentlich nur erwartet, dass der Herr Doktor sagt: »Alles beschtens! Machet Se no so weiter!« Aber dann herrscht im Wartezimmer eine so gedrückte Atmosphäre, dass die eigene gute Laune im Nu angekränkelt ist. Eine fatale Bangigkeit steigt in einem auf. Man fragt sich: Was wird der Herr Doktor heute finden? Ist das gelegentliche Zwicken im linken Oberbauch mehr als eine belanglose Unpässlichkeit? Selbst wenn der Arzt einem später dann doch bescheinigt: »Alles beschtens!«, war da eine flaue Zeit der Ungewissheit.

Der Berthold und ich haben zum Teil dieselben Ärzte, zum Teil jedoch auch unterschiedliche. Das ist logisch, denn beim

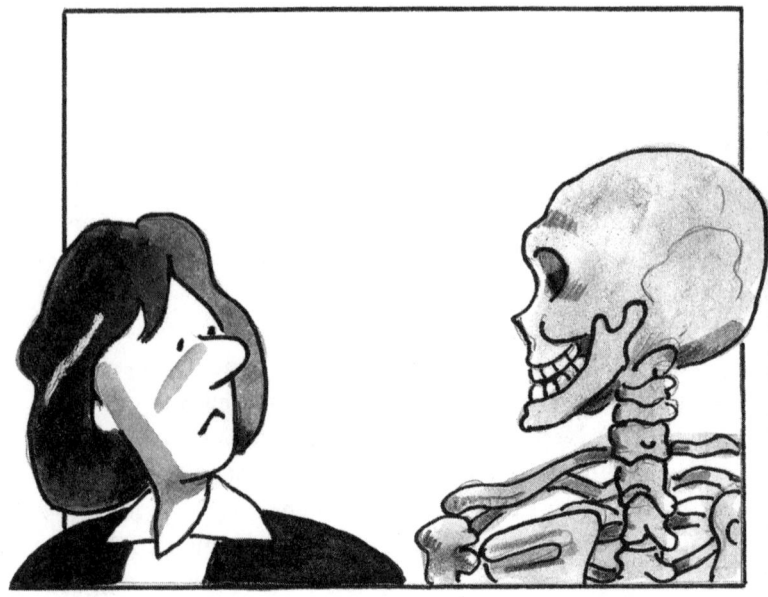

Frauenarzt wäre er fehl am Platze, und umgekehrt hat er und nicht ich einen Tennisellbogen, der vom Orthopäden betreut werden muss. Andererseits haben wir ziemlich ähnliche Vorlieben, wenn ich so sagen darf. Ich möchte das kurz erklären.

Bei jedem Arzt ist es etwas anders als bei seinem Kollegen, dennoch gibt es gewisse Typen. In der einen Arztpraxis herrscht immer eine ungeheure Emsigkeit und Geschäftigkeit. Sie geht vom Herrn Doktor aus, aber auch von allen seinen Helferinnen. Bei der Anmeldung steht eine Menschenschlange, das Wartezimmer ist brechend voll, in den Gängen herrscht ein Personenverkehr wie auf der Königstraße. Man wird herausgerufen und denkt: Jetzt geht es gleich los – aber weit gefehlt, in dem neuen Raum sitzen auch schon zwei Patienten, und wir drei müssen erneut verteilt werden. Manche warten den ganzen Vormittag, bis ihnen beschieden wird, dass sie hier ganz zu Unrecht sitzen, sie müssten erst einmal einen Überweisungsschein besorgen und so weiter und so weiter.

Ein anderer Doktor ist ganz auf der Höhe der Zeit und der Technik. Er hat einen weitläufigen Maschinen- und Gerätepark, der – man kennt Ähnliches auch von den Pferden – unermüdlich bewegt werden muss, damit sich kein Rost bildet. Nach einer kurzen Untersuchung wird auf einem Blatt Papier angekreuzt, welche Maschinen bei diesem Patienten unbedingt eingesetzt werden müssen. Während der Beratung sitzt der Herr Doktor auch hinter einem Gerät, nämlich am Computer. Meist schaut er auf den Monitor und nur gelegentlich zu dem menschlichen Wesen hinüber, dessen Daten es zu erfassen gilt.

Unter solchen Umständen fühle ich mich nicht wohl, und dem Berthold geht es genauso. Aber man kann es ja einrichten, man kann nämlich dort hingehen, wo man sich nicht gleich automatisch krank fühlt. Zu Doktor S. gehen wir fast schon gerne. Er praktiziert in einer schönen Altbauwohnung mit hohen Räumen und stuckverzierten Decken. Das heißt nicht, dass er auch mit medizinischen Geräten aus dem 19. Jahrhundert arbeitet. Er hat durchaus moderne Apparate, doch sind diese in den Räumen, die beinahe an Wohnzimmer erinnern, so dezent integriert, dass sich der Patient fast schon zu Hause fühlen kann.

Bei Doktor S. muss man nicht eng gedrängt auf einem Armesünderbänkchen im Wartezimmer ausharren, bis die Stunde schlägt. Die Patienten werden irgendwie so geschickt auf die verschiedenen Behandlungsräume verteilt, dass man sich als geschätzte Einzelperson fühlt. Zwar befindet sich der Herr Doktor gerade in einem anderen Raum, aber gleich wird sein aufmerksames Auge einzig und allein auf mir ruhen! Er wird mir sein Ohr leihen, er wird sich alles anhören, er wird etwas von mir wissen wollen und meine Fragen verständlich beantworten.

Das bedeutet nun aber nicht, dass er mit dem Onkel Doktor von anno Tobak gleichzusetzen ist, der hinter seiner Jovialität seine Grundansicht verbarg: dass der Arzt eigentlich nicht viel machen kann und dass sich letztlich die Natur selber helfen muss. In etlichen Fällen hat uns Doktor S. tatsächlich helfen können. Andererseits macht er einem kein X für ein U vor, er sagt auch: »In Ihrem Alter kann nicht alles so perfekt sein, damit müssen Sie leben.« Na gut, dann leben wir halt damit. Solange wir uns nicht von Knoblauch und Heringsschwänzen ernähren müssen, geht es ja noch. Da hat das Leben immer noch so viele positive Aspekte, dass man mit den Iren sagen könnte: It could be worse. Oder auf schwäbisch: Könnt schlimmer sei ...

Der Berthold und ich sind uns einig, dass man sich nach einem Besuch bei Doktor S. gesünder fühlt, als man es vermutlich ist.

Das Einkehren

Berthold

Das Einkehren ist eigentlich keine spezifische Tätigkeit des Ruheständlers. Einkehren kann jeder: Kind, Schüler, Lehrling, Student, Berufstätiger, Abgeordneter, Vereinsmeier. Das Einkehren ist eine allgemein-menschliche Fähigkeit, die wahrscheinlich tief in den Genen verankert ist. Was machten die Eiszeitjäger, wenn sie ein Mammut erlegt hatten? Jeder nahm sich einen ordentlichen Happen, man hockte sich hin und vesperte, ein Büffelhorn mit irgendeinem fürchterlichen Holunderschnaps machte die Runde, man schwätzte und sang »Schwarzbraun ist die Haselnuss« – wie das halt beim Einkehren so ist.

Dennoch hat das Einkehren im Ruhestand eine besondere Bedeutung. Zum Einkehren gehört ja unabdingbar dazu, dass man vorher etwas Anstrengendes getan haben muss. Man muss zum Beispiel erst einmal stramm gewandert sein, bevor man sich die Belohnung des Einkehrens verdient hat. Ist aber, so betrachtet, der Ruhestand nicht auch eine Art Einkehr nach der strammen Wanderung durch ein langes Berufsleben?

Eine zweite Besonderheit dieses Lebensabschnitts besteht darin, dass vor dem geistigen Auge eine enorme Fülle von Einkehrmöglichkeiten ausgebreitet liegt. Früher musste man sich auf das Wochenende oder den Urlaub konzentrieren, wenn man einkehren wollte. Jetzt könnte man theoretisch jeden Tag irgendwo einkehren, ja wenn man es auf die Spitze treiben wollte, auch zweimal am Tag. Natürlich macht das keiner, denn dann wäre das Einkehren bald alltäglich, und der Reiz des Besonderen ginge verloren.

Aber man kann sich die geschickten Zeiten herauspicken, wenn nicht alle Welt unterwegs ist, um scharenweise in den schönen Landgaststätten einzufallen und sämtliche Tische zu belegen. Da hat man es als Ruheständler richtig gut. Eben noch war Samstag und Sonntag, eben balgten sich noch frustrierte Wanderer um die letzten Sitzplätze. Der Leberkäs und der Kartoffelsalat waren irgendwann mal aus, die Bedienung kam nicht herum, und der Wirt schnauzte, wenn es einem nicht passe, solle man sich zum Teufel scheren.

Wie ganz anders ist es einen Tag später! Eine himmlische Ruhe herrscht unter den majestätischen Linden. Von den vielen freien Tischen kann man sich den schönsten auswählen. Gleich kommt der Wirt persönlich angewetzt, erkundigt sich nach den Wünschen der hochwohlgeborenen Gäste, weist auf die frische Schlachtplatte hin, die er extra für diesen Tag von einer Bio-Metzgerei habe herfahren lassen, und würde sich am liebsten selber an den Tisch dazusetzen, um die Besucher mit seiner menschlichen Wärme zu beglücken. Zum Glück tauchen in diesem Moment noch zwei weitere Personen auf, denen er seine Aufmerksamkeit schenken muss.

Natürlich darf man bei der Einkehrplanung keinen Fehler machen. Es könnte sein, dass die Wanderkarten stimmen, dass man haargenau vor der gemütlichen Waldschenke eintrifft und erwartungsvoll die Türklinke herabdrücken will – da stößt man aber auf einen Widerstand, die Tür geht nicht auf, und wie man zur Seite blickt, sieht man das ominöse Schildchen »Heute Ruhetag«. Do könntscht doch glatt auf dr Sau naus!

Die Irmhilde und ich kennen einen schönen Wanderweg, der in einem weiten Bogen zur »Linde«, unserem Lieblingswirtschäftle, führt. Die Strecke ist 15 Kilometer lang, und wir brauchen drei Stunden dafür. Vier oder gar fünf Stunden Wandern sind nach unserer Erfahrung zu viel, da kommt man schließlich auf den Felgen daher und kann nur noch appetitlos dahocken. Mit zwei Stunden hingegen hat man sich kein rechtes Vesper verdient. Also drei Stunden, aber net triela!

Der Weg führt zunächst durch ein anmutiges Tal. Wir gehen da beschwingt und fast mühelos entlang. Diese Teilstrecke ist wie die Vorspeise, und logischerweise denken wir an eine »Flädlesuppe« oder eine »Maultäschlesuppe«. Dann führt der Weg in den Wald und zugleich immer bergauf. Wir lassen

im Tempo nicht nach, denn wir wollen ja einen schönen Appetit aufbauen. Natürlich denken wir jetzt an das Hauptgericht, so ein Gedanke hält einen bei der Stange und aktiviert alle Reserven. Wir denken also an Rauchfleisch, Schwartenmagen oder Wurstplatte. Ich kann Ihnen sagen, bei solchen Vorstellungen wachsen die Kräfte, man möchte so schnell wie möglich sein Ziel erreichen. Auf der letzten Teilstrecke geht es wieder bergab, jetzt fühlen wir uns fast schon wie der Hermes, Sie wissen schon, der mit den Flügele an den Füßen. Logischerweise denkt man jetzt an den Nachtisch, das heißt, die Irmhilde denkt an Eis und Kaffee, für mich ist ein abrundendes Bier immer der schönste Nachtisch, deswegen erscheint jetzt vor meinem inneren Auge in einer Art Himmel ein großes Glas kühles Bier – Sie wissen schon: wie auf der Bierreklame von anno Tobak mit dem Spruch »Bier macht den Durst erst schön«.

Wir haben also unsere vorbereitende Wanderung so sorgfältig komponiert wie ein Musikstück. Alles passt wunderbar zusammen.

Etztale, wir sind am Ziel! Es ist wunderbar ruhig, der schönste Tisch unter den Linden ist frei, ich drücke die Türklinke herunter – zu! Ja Heiligsblechle, was soll das heißen? Wir wissen doch ganz genau, dass heute kein Ruhetag ist. Wie ich aber zur Seite blicke, entdecke ich ein kleines Zettele: »Heute wg. Familienangelegenheit geschlossen«.

Das war natürlich ein Tiefpunkt in unserem Leben. Ich kann Ihnen aber versichern, dass wir im Großen und Ganzen mit dem Einkehren schöne Erinnerungen verbinden. Wir haben auch das deutliche Gefühl, dass ein regelmäßiges, gepflegtes Einkehren absolut gesundheitsfördernd ist und die Lebenszeit angenehm verlängert.

Die Nickerle-Kultur

Irmhilde

Das Schnarchen vom Berthold war das eine Schlafproblem, das sich im Ruhestand verschärfte. Ich habe ja schon berichtet, wie wir es schließlich gelöst haben. Aber damit war in Sachen Schlaf noch lange nicht alles in optimaler Ordnung. Das hängt damit zusammen, dass das Schlafen im Ruhestand einen anderen Stellenwert hat als früher.

Damals war man ja froh, wenn man gelegentlich mal ausschlafen konnte, also am Wochenende. Unter der Woche bestand eigentlich immer ein Schlafdefizit. Morgens musste man früh raus, und abends wollte man nicht gleich mit den Hühnern ins Bett. Wir malten uns immer wieder aus, wie schön es sein würde, wenn man endlich jeden Tag ausschlafen könnte – das wäre das Paradies.

Dann ging der Berthold in Pension, während ich noch eine Zeit lang weiterschaffen musste. Da habe ich schon mit meinem Schicksal gehadert, wenn morgens der Wecker klingelte und sich der Berthold genüsslich auf die andere Seite drehte. Aber schließlich hatte ich ihn ja sozusagen eingeholt. Aus alter Gewohnheit stellte ich den Wecker auch weiterhin auf sechs. Dann fuhr ich zwar hoch, wurde mir aber sofort freudig bewusst, was die Glocke geschlagen hatte, und drehte mich genauso genüsslich wie der Berthold auf die andere Seite, um entspannt weiterzuschlafen.

Diese Anfangszeit war für mich die schönste Zeit. Wir beide schöpften schlafensmäßig gewissermaßen aus dem Vollen. Aber nichts währet ewiglich, wie unser Schiller sagte. Oder war es unser Uhland? Egal, einer hat es gesagt, und er hat Recht!

Das Problem ergab sich dadurch, dass wir nach einiger Zeit unser jahrzehntelanges Schlafdefizit komplett abgetragen hatten, das heißt, es bestand nun nicht mehr diese bleierne Grundmüdigkeit, welche die beste Voraussetzung für einen langen Nachtschlaf ist. Wir schliefen jetzt leichter und wachten auch öfter mal auf.

Dabei stellte sich heraus, dass ich anders veranlagt bin als der Berthold. Mir wurde es mit der Zeit lästig, den halben Vormittag im Bett zu verbringen. Draußen schien die Sonne, die Vöglein sangen – da möchte man doch gleich aufstehen, um an der morgendlichen Lebensfreude teilzuhaben, gell? Zu dieser Zeit aber hatte der Berthold noch kein Ohr für Vogelgesang und kein Bedürfnis nach Sonnenschein, er wollte einfach noch weiterschlafen, fühlte sich jetzt aber gestört, wenn ich aufstand und im Hause werkelte. Unter diesen erschwerenden Umständen fände er nicht mehr in die richtige Schlafstimmung zurück, bruddelte er.

Umgekehrt sah ich keinen Sinn darin, mich zu später Abendstunde noch krampfhaft wach zu halten. Da aber blühte der Berthold erst so richtig auf. Am liebsten sind ihm ja die Boxkämpfe, die das Fernsehen nach Mitternacht bringt. Die muss er sich unbedingt in voller Länge ansehen, und dann kommt er um halb zwei ins Schlafzimmer geschlurft. Natürlich wache ich auf und kann dann nicht gleich einschlafen, auch wenn der Berthold gnädigerweise auf sein Schnarchen verzichtet.

Sie verstehen, eine Morgenlerche hatte eine Nachteule geheiratet. Im Berufsleben waren die Unterschiede nicht so krass herausgekommen, doch jetzt war guter Rat teuer. Würden wir uns ausgerechnet jetzt im Ruhestand gegenseitig am Schlafen hindern? Als vernünftige Menschen einigten wir uns auf einen Kompromiss: Wir würden beide um halb neun aufstehen (das war für mich eigentlich zu spät und für den Berthold zu früh) und beide um halb zwölf zu Bett gehen (da waren die Verhältnisse ähnlich). Wichtige Boxkämpfe in der Nacht wollte der Berthold auf Video aufnehmen und sich am nächsten Tag ansehen.

Das war nicht ganz ideal. Eigentlich hatten wir uns den Ruhestand schlafensmäßig entspannter vorgestellt, aber beide Parteien konnten mit dieser Regelung einigermaßen leben. Natürlich musste jeder von uns zeitweise gegen seine Natur

ankämpfen. Dem Berthold fielen regelmäßig um elf Uhr vormittags die Augen zu, sodass er eine halbe Stunde schlummern musste, und mir ging es so um halb zehn am Abend. Dann hatte derjenige, der wach war, automatisch ein schlechtes Gewissen, weil er sich sagte, dass er den anderen in seinem Lebensrhythmus störe.

Nun las ich allerdings etwas Interessantes in der Zeitung über die Japaner. Bei denen ist es ganz natürlich, wenn einer tagsüber ein Nickerle macht, das nimmt ihm niemand krumm. Abgeordnete genehmigen sich ein Nickerle im Parlament, Journalisten im Presseclub, Schüler in der Schule und sogar (man höre und staune) Flugpiloten und Lokomotivführer am Arbeitsplatz – der Kamerad Autopilot übernimmt dann ihren Job. Dass Pendler in der U-Bahn und Reisende im Zug ein Nickerle machen, erlebt man zwar auch bei uns, das nimmt dort aber ganz andere Dimensionen an. Zur Erklärung wurde in dem Artikel gesagt, dass die Japaner nicht ausschließlich auf den bei uns üblichen »Monophasenschlaf« setzen, sondern den Nachtschlaf (auf den auch sie nicht ganz verzichten könnten) durch über den Tag verteilte Nickerle ergänzen würden.

»Berthold«, rief ich nach der Lektüre, »mir machet's wie die Japaner! Mir machet a Nickerle, wenn's nemme anderscht goht!« Der Berthold meinte, dass wir das doch bereits so halten würden. Aber ich erklärte ihm, dass es ein Unterschied sei, ob man etwas nur notgedrungen mache oder ob man sich ganz souverän für eine Option entscheide. Es dauerte eine Zeit, bis er diesen Gedanken begriffen hatte. Dann aber sagte er: »Weisch, Irmhilde, bei dem viela Schwätza und Nochdenka bin i so müd g'worda, dass i etzt eifach a Nickerle macha muaß.« Und schon war er weggetreten.

Damit war klar, dass sich auch bei uns die Nickerle-Kultur durchgesetzt hatte.

Neue Möbel

Berthold

Braucht man im Ruhestand neue Möbel? Dumme Frage, natürlich nicht! Man hat ja alles, seit Jahrzehnten, in gediegener deutscher oder gar altdeutscher Qualität: Sitzgruppe, Wohnzimmerschrank, Esstisch (ausziehbar) mit vier oder wahlweise acht Stühlen, Einbauküche, komplettes Schlafzimmer mit Lattenrost und Federkernmatratze – ich verzichte darauf, alles aufzuzählen. Der normale zivilisierte Mensch soll ja zehntausend Dinge besitzen, und ich habe den begründeten Verdacht, dass bei uns etwa tausend Möbelstücke darauf entfallen. Wenn wir umziehen müssten, wäre das eine Katastrophe!

Aber wir wollen ja nicht umziehen, und wir wollen auch keine neuen Möbel kaufen – wo sollen die denn hin? Ich hatte gedacht, dass die Irmhilde auch so denkt, aber da stieß sie in der Zeitung auf eine Anzeige mit der Frage: Wohnst du noch oder lebst du schon? Diese Frage trieb sie so mächtig um, dass sie mich auch damit konfrontierte. Ich muss gestehen, dass ich den Spruch gar nicht verstand. Ich hatte immer die philosophische Ansicht vertreten: Ich wohne, ich sehe fern – also lebe ich, also bin ich!

Aber irgendwie waren wir jetzt beide ziemlich verunsichert. Sollte der Spruch etwa sagen, dass andere besser wohnten als wir? Sie verstehen, jetzt war sozusagen der Wurm drin in unserer schönen Rentnerwohnbehaglichkeit. Es war nemme des.

Nun hätten wir die Sache mit der Zeit vielleicht doch noch vergessen, denn in der Werbung wie in der Politik (da besonders vor den Wahlen) tauchen ja laufend die abstrusesten Statements auf, die bald in Vergessenheit geraten, weil neuer Blödsinn an ihre Stelle tritt. Aber da stieß die Irmhilde auf eine zweite Anzeige, in der es hieß: Brauchst du noch Ideen für dein Zuhause? Und fatalerweise waren da ein paar überaus praktische und sehr preiswerte Dinge abgebildet, zum Beispiel ein großes Küchenschneidebrett aus Massivholz für sagenhafte 4,99 Euro. »Berthold«, sagte die Irmhilde, »agucka könna mir's jo amol – ma muaß jo net glei kaufa.« Damit nahm das Verhängnis seinen Lauf.

Wir fuhren also in das »unmögliche Möbelhaus«, das zumindest mit seinen schrägen Sprüchen alle anderen in den Schatten stellt. Die Leute strömten nur so hinein, mit Kind und Kegel. Die meisten waren erheblich jünger als wir, und bei manchen fragte ich mich, ob sie ihre Einkäufe mit Papas Geld tätigten.

Von unseren früheren Möbelhäusern her waren wir gewöhnt, dass die Stimmung fast so getragen und feierlich wie bei einer Kirchenbesichtigung ist. Man flaniert meist mutterseelenallein durch die Längs- und Querschiffe, in denen sich die Sofas, Sessel, Betten, Schränke, Kommoden und Anrichten offensichtlich in stillem Gebet befinden. In diesem feierlichen Ambiente geht man wie auf Zehenspitzen und unterhält sich nur flüsternd. Gelegentlich begegnet man einem Mesner oder einem Priester der Möbelverkaufskunst, der salbungs- und hoheitsvoll über einzelne Wertgegenstände Auskunft gibt.

Hier dagegen war die Stimmung kindlich-ausgelassen. Das hing zum einen damit zusammen, dass man offensichtlich sehr an die Kinder gedacht hatte. Überall gab es was zum Hüpfen, Durchkrabbeln, Hineinschlupfen, Hochklettern, Runterspringen. Fröhliches Kindergeschrei drang aus allen Ecken und Enden, Bullerbü hinten und vorne, oben und unten. Zum anderen war es so, dass auch nicht wenige Erwachsene von der kindlichen Lebenslust infiziert schienen. Sie ließen sich zu Handlungen hinreißen, die sie in normaler Umgebung nie gewagt hätten. So sah ich einen Herrn in Anzug und Krawatte, wie auf dem Weg zu einer wichtigen Dienstbesprechung – und er trug unter dem Arm, als sei das die natürlichste Sache der Welt, ein großes Stoffkrokodil von knapp zwei Meter Länge!

Auch wir gesetzten Ruheständler ließen uns von der allgemeinen Partystimmung und Kauflaune anstecken. Die Irmhilde drückte mir eine große gelbe Einkaufstasche in die Hand. Natürlich kam da das anvisierte Küchenschneidebrett hinein, aber auch ein Papierkorb, sechs Trinkgläser, zwei Sofakissen, ein Schuhlöffel, diverse Untersetzer, ein Taschenrechner, ein Satz Batterien und ein 24-teiliges modernes Besteck.

Wir hatten da überhaupt keine Gewissensbisse, denn zum einen waren all die schönen Dinge sehr preiswert (in einem exquisiten Geschäft hätte man für das Geld vielleicht drei Teelöffel bekommen), zum anderen waren es ja keine Möbel. Doch dann trat die Versuchung in Form eines Sessels an mich heran. Ich hielt es so wie die anderen, die sich auf den Sofas herumlümmelten und auf den Betten Probe schliefen, das heißt, ich machte es mir in diesem Sessel richtig gemütlich. So gemütlich, dass mich die Irmhilde kaum noch zum Weitergehen bewegen konnte. Der Sessel musste einfach her! »Pass auf, Berthold!«, warnte sie mich. »Du kriegscht etzt a klois Paketle und noch muascht du des Ding dahoim zammabaua!«

Egal, der Sessel in Form eines Paketes musste mit. Und damit hatten wir tatsächlich entgegen unseren Vorsätzen ein Möbelstück erworben. Die Irmhilde ist ja skeptisch, was meine Heimwerkerfähigkeiten angeht, aber wenn mich etwas im Inneren packt, wachse ich über mich hinaus. Kurz, es gelang mir, das Paketle anhand der mitgegebenen Bildle in einen Sessel zu verwandeln, und bisher ist er nicht unter meiner Körperlast zusammengebrochen! Später sah ich mal im Fernsehen einen Bericht über Leute, die die Montage meines Sessels nicht geschafft hatten. Ich sage Ihnen, die stellten sich an wie die Halbdackel! Das tat meinem Selbstbewusstsein unheimlich gut.

Natürlich hatten wir jetzt im Wohnzimmer einen Sessel zu viel, aber nun ging es wie in der Evolution: Im Daseinskampf der Möbel setzte sich das überlegene Modell durch. Die alten Sessel kamen zum Sperrmüll und wurden durch neue, von mir eigenhändig und meisterhaft montierte Exemplare ersetzt.

Als nächstes habe ich mir ein Bücherregal vorgenommen: vier Meter breit und zwei Meter hoch. Die Irmhilde meint, ich sei größenwahnsinnig geworden. Awa! Ich erinnere an die Worte von unserem Schiller: »Es wächst der Mensch mit seinen größern Zwecken.«

Die Kleidung

Irmhilde

Wie soll man sich als älterer Mensch kleiden? Für meine Eltern war das klar: Wer im »gesetzten« Alter ist, hat sich auch gesetzt zu kleiden. Und bei meinem Großvater war das noch klarer: Er trug auch zu Hause Jacke, Weste und Taschenuhr an der Kette. Man sah also sofort, dass das der würdige Herr Großvater war, dem man mit Respekt zu begegnen hatte.

Heutzutage geht es ja etwas durcheinander mit den Altersklassen. Plötzlich finden die Girls den Großmutter-Look affengeil und kommen dementsprechend daher, und die Boys lassen sich lange Bärte wachsen und sehen aus wie Gottfried Keller oder Karl Marx. Die Älteren dagegen haben, zum Teil jedenfalls, noch nicht so richtig mitbekommen, dass sie älter geworden sind, und kleiden sich betont jugendlich. Aber ist das nicht ein bisschen daneben?

Der Berthold hat ja eine richtige Kleiderkrise durchgemacht. Er war schon zwei Jahre im Ruhestand und musste sich also nicht mehr für das G'schäft herrichten. Das empfand er als große Befreiung, die ich ihm durchaus gönne, doch sah ich auch, dass er auf dem Weg zu einem allgemeinen Gammel-Look war. Zu Hause trug er mit Vorliebe einen ausgebeulten Pullover und eine nicht minder ausgebeulte Jogginghose. Nun gut, zu Hause war zu Hause, auch wenn ich mir da eine etwas gepflegtere Erscheinung des Hausherrn gewünscht hätte, im Stile meines Großvaters. Aber seine häusliche Gemütlichkeit wollte der Berthold nicht in Frage gestellt sehen.

Fatal wurde es erst, als er sich in diesem informellen Outfit auch ganz ungeniert auf die Straße begab, um etwa die Zeitung vom Kiosk zu holen. Ich sah schon deutlich voraus, dass er schließlich zu faul sein würde, sich für die Oper in Schale zu werfen. Dort würde er wie eine große, graue Raupe die Treppe hinaufkriechen, und die anderen, fein gemachten Herrschaften würden angewidert zurückweichen. »Berthold«, drohte ich, »wenn des kleidungsmäßig net besser wird mit dir, lass i mi scheida!« Doch das machte auf ihn keinen Eindruck. Wahrscheinlich würde er auch vor dem Scheidungsrichter wie eine vergammelte graue Raupe aufkreuzen!

Aber der Berthold ist immer für eine Überraschung gut. Plötzlich war es für ihn enorm wichtig, attraktiv gekleidet zu sein. Wieso, weiß ich nicht. Ich nehme an, er wollte mal auf der Straße einem Mädle imponieren (solche Anwandlungen hat er gelegentlich), und die schaute ihn nur einmal kurz und verächtlich an. Das war dann für ihn ein ungeheurer Motivationsschub.

Vielleicht war es so, vielleicht gab es auch einen anderen Grund, jedenfalls wollte der Berthold jetzt wie ein toller, jugendlicher Hecht herauskommen. Zu seinem Outfit gehörten von nun an T-Shirt, Jeans und Sportschuhe. Diese Entscheidung führte zu positiven Folgeerscheinungen, denn da zeigte sich überdeutlich, dass sich der Berthold in den ersten Jahren seines entspannten Ruhestandes ein Bäuchle angefuttert hatte. Herrschaftssechse, damit wirkt man keineswegs jugendlich! Angespornt durch seine Eitelkeit schaffte er es tatsächlich, das Bäuchle etwas zurückzufahren. Das konnte ich nur gutheißen. Sollte er sich doch in seine knappen Jeans zwängen und sich etwas beengt fühlen, Hauptsache, er würde nicht weiter aus dem Leim gehen.

Schwieriger wurde es, als er sich einen Ohrring anheftete. Nicht gerade gepierct, so weit wollte er nicht gleich gehen, sondern mehr probehalber, um zu sehen, wie die Umwelt reagieren würde. Nun, der Test war die Reaktion von Hans-

Dieter und Eva, die zu Besuch kamen. Sie bekamen einen Lachanfall, und damit war der Ohrring für den Berthold wieder out.

Auch der Versuch, das Haar mit Gel zu einer Igelfrisur zu formen, führte zu keinem durchschlagenden Erfolg – aus Mangel an Haaren. Der Berthold merkte also, dass Jugendlichkeit nicht auf allen Gebieten zu erreichen war. Stehhaare wie unter Elektroschock und vielfach zusammengetackerte

Ohrwatscheln waren außerhalb seiner Reichweite. In weiser Beschränkung konzentrierte er sich auf Jeans, T-Shirt und Sportschuhe.

Nun ist mit den Hosen und den Schuhen eigentlich auch kein großer Staat zu machen. Der Berthold schreckte – Gott sei Dank – davor zurück, bollenförmige Sportschuhe zu kaufen, die dem Träger die Grandezza eines Paarhufers verleihen. Er konnte sich auch nicht dazu durchringen, mit einer Hose durch die Pampa zu schlurfen, deren Gesäß in den Kniekehlen hängt. Ihm fehlte also die letzte Konsequenz, die wir bei der jungen Generation so sehr bewundern.

Der Berthold konzentrierte sich ganz auf das T-Shirt, mit dem man tatsächlich die Aufmerksamkeit auf sich ziehen kann. Gemeint ist natürlich der Aufdruck, der die Philosophie, die Souveränität und das Charisma des Hemdträgers zum Ausdruck bringt. Vorgefertigte Sprüche, die man sich für wenig Geld im Kaufhaus oder in der Boutique kaufen kann, wären aber unter Bertholds intellektuellem Anspruch gewesen. Besser ist es, sich selbst etwas auszudenken, das man im Copy-Shop aufdrucken lässt.

Da kam er also zurück, zog das frisch bedruckte T-Shirt an und stellte sich stolz vor mich hin. Was stand darauf? »Grauer Panther«! – »Berthold!«, rief ich. »Des ischt ein echt cooler Spruch – ond jesasmäßig jugendlich!« Da mussten wir beide lachen. Damit war es dann mit dem Jugendlichkeitswahn vom Berthold ziemlich vorbei. Das heißt, T-Shirt und Jeans hat er im Programm behalten. Und ich trage so etwas natürlich auch – warum auch nicht?

Neulich war ich richtig gerührt. Da hatte der Berthold wieder einmal ein T-Shirt bedrucken lassen, sogar vorne und hinten. Vorne war ein Foto von mir – als junges Mädle. Und hinten stand »I« und »You« und dazwischen war das Bild von einem Herzle. Manchmal ist der Berthold richtig süß.

Die Kur

Berthold

Während meines Berufslebens bin ich nicht in Kur gegangen. Etliche Kollegen hielten es da ganz anders, für die musste eine Kur alle paar Jahre »schon drin sein«, wie sie sagten, damit sie schön ausgeruht die Pensionsgrenze erreichen würden. Die meisten von ihnen haben das tatsächlich geschafft, aber ich ja auch, und dabei brauchte ich diese Kunstgriffe gar nicht. Andererseits erzählten diese Kurprofis so hübsche Geschichten von ihren Erlebnissen und Abenteuern in Bad Kneippheim oder wie die Orte auch hießen, dass ich mir sagte: Einmal würde ich so etwas auch gerne erleben.

In späteren Jahren war es dann nicht mehr so einfach mit dem Kurlaub wie ehedem. So ein bisschen Adipositas (also ein Bäuchle) oder allgemeine Schwermut, die vom Widerwillen gegen die Arbeit herrührt, reichte plötzlich nicht mehr aus, um sich für vier Wochen freistellen zu lassen. Die Krankenkassen waren gehalten, kleinlich und knauserig zu sein, und das hat so manchem florierenden Kurort das Wasser abgegraben.

Nun bekam ich aber im Ruhestand Probleme mit den Knien. Der Orthopäde stellte eine glasklare Diagnose: eine beginnende Arthrose – aber damit war er auch schon am Ende mit seinem Latein. Er empfahl eine Kur, um den Anfängen zu wehren und Schlimmeres zumindest hinauszuschieben. Gegenüber der Krankenkasse schilderte er den Notstand in blumigen, lateinischen Fachausdrücken und gab den Entenklemmern zu verstehen, dass sie eine Kur entschieden billiger käme als ein kurzsichtiges Sparen am falschen Fleck. Kurzum, der wackere Mann erstritt für mich eine vierwöchige Kur in dem sagenumwobenen Bad Kneippheim, in das, wie man munkelt, die Patienten mit zwei kranken Knien hineingehen, um mit drei kerngesunden wieder herauszukommen.

Die Sache hatte nur einen Schönheitsfehler: Es war eine Kur für mich, jedoch nicht für die Irmhilde. Das hatte zwar seine Logik, denn an der Irmhilde haben die Orthopäden nichts auszusetzen, aber einige der früheren Kurprofis hatten es immer für selbstverständlich gehalten, dass ein simultaner Kuraufenthalt für die Ehefrau »auch drin sein müsse«. Dann erst sei es ein rundum gelungener Urlaub, in dem man sich prächtig erholen könne.

»Gang du no en dei Kur«, ermunterte mich meine Ehefrau. »Was isch wichtig, wenn net die G'sondheit!« Das war also grünes Licht auch von dieser Seite. Als Single in Kur zu gehen hatte auch eine interessante, prickelnde Seite. Einige der Kurprofis von früher hatten nämlich von so genannten »Kurschatten« schwadroniert, die dem Kuraufenthalt eine zusätzliche Würze verliehen hätten. Nicht, dass ich mir derlei für meine eigene Person vorgenommen hätte. Jedoch einen voyeuristischen Blick hinter die Kurkulissen werfen zu können, das schien eine Zugabe zu sein, die von der Krankenkasse nicht vorgesehen, aber doch mitbezahlt wurde.

Ich fuhr also mit dem Zug zweihundert Kilometer weit, bis ich in Bad Kneippheim eintraf. Theoretisch hätte ich auch meine Kur in nur zwanzig Kilometer Entfernung absolvieren können, in Bad Moorhausen. Aber für den Kurlauber ist es unumstößliches Gesetz, dass die Kur umso besser anschlägt, je weiter der Kurort vom Wohnort entfernt ist. Alles hinter sich lassen, alles vergessen, die Seele in reiner Unbeschwertheit und die Füße in erfrischendem Wasser baumeln lassen, das muss die Devise sein.

Ich will jetzt nicht meinen Kurtag in allen Einzelheiten von morgens bis abends beschreiben. Zusammenfassend kann ich sagen, dass eine Kur in Bad Kneippheim kein Honigschlecken ist. Wer wie ich schon einige Zeit die stillen Wonnen des Ruhestands genossen hat, fühlt sich in eine raue Internatswelt versetzt, wo einem wie einem unmündigen Kind andauernd gesagt wird, was man zu tun und was man zu lassen hat.

Bad Kneippheim ist dafür bekannt, dass es nicht nur auf die Eingebungen von Pfarrer Kneipp setzt, sondern alle möglichen segensreichen Entdeckungen in sein Behandlungsprogramm integriert. Natürlich waren die »Anwendungen« mit Wasser, im Wasser, durch das Wasser und um das Wasser herum von zentraler Bedeutung, und meine Knie hießen die Maßnahmen gut. Warum mir aber morgens um fünf warmes Heu unter das Kreuz geschoben und warum ich laufend leicht faulig riechendes Mineralwasser hinter die Binde kippen musste, wollte mir und meinen Knien nicht unbedingt einleuchten. Warme Moorpampe dagegen mochten wir alle drei, den Gelenken tat sie gut, und ich fühlte mich an die holde Kinderzeit erinnert, als das Herumdreckeln und schweinische Herumsuhlen den Inbegriff lustvollen Daseins darstellte. Tausend Kalorien beim Mittagstisch ließen uns wiederum sehr unbefriedigt. Doch gerade dieses halbe Fasten, wurde uns bedeutet, sei unerlässlich, um belastende, überflüssige Pfunde zu eliminieren. Alles war irgendwie wichtig, entweder direkt den Gelenken dienend oder indirekt dem Immunsystem und der körperlichen Gesamtverfassung. Wenn jetzt noch ein afrikanischer Medizinmann mit Rassel und Fliegenwedel eine »Anwendung« hingelegt hätte, wäre das auch irgendwie sinnvoll gewesen.

Und wie war das mit dem Kurschatten? Eine einzige Enttäuschung. Es fehlten einfach die passenden Subjekte. Ich selbst bin ja durch Irmhildes Erscheinung einigermaßen verwöhnt, das heißt, da hätte mir schon eine Marylin Monroe zuzwinkern müssen, um bei mir ein gelindes Interesse hervorzurufen. Einige Herren im gesetzten Alter waren hinter einer passablen Fünfzigjährigen her. Aber die wollte sich tatsächlich nur auf ihre Kur konzentrieren. Ich hörte mit eigenen Ohren, wie sie zu einem der lästigen Verehrer sagte, er solle sich dorthin scheren, wo der Pfeffer wächst!

Immerhin hatte sich die Kur positiv auf meine Knie ausgewirkt. Aber ich weiß jetzt, worauf es ankommt. Ich habe mir einen Hometrainer zugelegt und gehe regelmäßig in unser Thermalbad am Ort. Hinterher macht die Irmhilde einen Zwiebelrostbraten mit Spätzle. Ich sage Ihnen, so eine selbst gestrickte Kur in der vertrauten Umgebung ist immer noch die beste »Anwendung«.

Die Ernährung

Irmhilde

Es ist logisch, dass sich auch die Ruheständlerin ernähren muss. Insofern gibt es zwischen Berufsleben und Rente keinen wesentlichen Unterschied. Der Rentenkasse wäre es natürlich am liebsten, wenn die Rentnerin die Ernährung komplett einstellen würde, dann könnte man an der Rente eine gehörige Einsparung vornehmen, und der Bundeshaushalt wäre einigermaßen gerettet. Aber das ist reines Wunschdenken, denn auch die Ruheständler gehen stur zum Real oder Lidl und verprassen die Staatsknete.

Andererseits ergeben sich im Ruhestand durchaus Unterschiede in der Ernährungsfrage. Wenn man im Berufsalltag mal eine Mahlzeit auslassen muss, droht gleich der totale Blackout. Das ist bei uns anders. Es kann gelegentlich vorkommen, dass wir eine Mahlzeit glatt vergessen.

Doch kann es im Ruhestand auch passieren, dass man zu sehr an das Essen denkt. Frühstück, Zeitunglesen – und was dann? Am besten, man geht jetzt gleich in die Küche und stürzt sich in die Vorbereitungen für das Mittagessen. Nach dieser Mahlzeit ein Schläfchen, man erhebt sich wieder von der Couch – und was dann? Kaffee und Kuchen, hinterher ein kleiner Spaziergang. Was bespricht man dabei? Was es zum Abendessen geben soll!

Es wird jedem vernünftigen Menschen einleuchten, dass ein solches Leben, in dem das Essen ein derartiges Gewicht erhält, nicht als ideal und vorbildlich bezeichnet werden kann. Man sieht das Ergebnis an beleibten, älteren Personen, die sich, schwer auf ihre Einkaufswägelchen gestützt, durch den

Supermarkt schleppen – auf der Suche nach Esswaren. Das ist ein Teufelskreis!

Darüber hinaus drohen noch andere Gefahren. Wie ich in dem Kapitel »Couchkartoffel« geschildert habe, können auch Zwischenmahlzeiten in Form von Kartoffelchips die gesunde Ernährungsbalance kippen. Andererseits ist es keine schöne Situation, wenn der eine Ehepartner den anderen laufend zu einer gesunden, zurückhaltenden, spartanischen Lebensweise ermahnt.

Man will ja schließlich seinen Ruhestand genießen, oder nicht? Am besten wäre es, wenn sich eine Art natürliches Gleichgewicht herausbilden würde, das dadurch entsteht, dass man »automatisch« das Richtige macht.

Der Berthold und ich können mit Fug und Recht behaupten, dass wir die ideale Lösung gefunden haben. Wenn unser Ernährungsmodell der Gesundheitsministerin zu Ohren kommt, wird sie uns für das Bundesverdienstkreuz erster Klasse vorschlagen. Denn sollten wir Millionen von Nachahmern finden, kann doch noch etwas aus der Gesundheitsreform werden. Wie sieht nun unser Menüplan aus?

Ich muss zugeben, dass die Sache anfangs nicht ganz einfach war. Wir machten zunächst so weiter, wie wir es gewohnt waren: Frühstück, Mittagessen, Kaffee, Abendessen. Das scheint so natürlich und gottgegeben zu sein, dass man meinen könnte, auch Adam und Eva im Paradies hätten es so gehalten. Nun stellte sich aber heraus, dass wir nicht ganz so früh wie ehedem aufstanden, ja eigentlich immer später. Dadurch ergab sich das Problem, dass wir uns gleich nach dem Frühstück schon wieder dem Mittagessen zuwenden mussten. Auf Grund der geballten Ladung dieser beiden zeitlich zusammengerückten Mahlzeiten hatten wir jedoch keinen rechten Appetit mehr auf Kaffee und Kuchen, und wenn wir dennoch heroisch diesen Programmpunkt abhakten, wurden wir bei dem Gedanken mutlos, bald noch ein Abendessen bewältigen zu müssen. Mit anderen Worten: Es war einfach zu viel! Pensionäre und Rentnerinnen brauchen eben nicht so viele Kalorien wie Scheunendrescher und Wahlkämpfer.

Unsere erste Maßnahme war, auf das Mittagessen zu verzichten. Was wir uns früher nicht hätten vorstellen können, war plötzlich kinderleicht. Logischerweise mussten wir aber unser Ernährungssystem noch weiter verändern. Das Frühstück durfte nicht eine flaue Angelegenheit sein wie bei den Franzosen, die damit zufrieden sind, etwas Brot in den Milchkaffee zu krümeln und mit dieser Brotsuppe in den Tag zu starten.

Der wichtigste Posten bei unserem Frühstück ist ein ganzer Teller mit Obst und Nüssen. Zugegebenermaßen musste ich den Berthold dafür erst einmal gewinnen. Aber mit Äpfeln, Birnen, Nektarinen, Bananen, Orangen, Ananas, Kiwi, Weintrauben, Zwetschgen, Himbeeren, Erdbeeren und so weiter lässt sich der Obstteller so variieren, dass nie Langeweile aufkommt. Natürlich gibt es bei uns auch Brötchen, Ei, Schinken, Wurst und Tee oder Kaffee.

Mit diesem ausgeglichenen, gesunden Menü schaffen wir es gut bis zur Kaffeezeit am Nachmittag. Das Abendessen hat sich bei uns unter dem Eindruck des Frühstücks auch verändert. Statt des Obsttellers gibt es einen großen Salatteller, und dieser hat die segensreiche Auswirkung, dass wir uns viel weniger Fleisch zuführen müssen als früher. Oft reicht uns sogar ein kleines Vesper. Wie die Ernährungswissenschaft herausgefunden hat, ist die alte Grundregel »Einmal am Tag warm essen« eigentlich mehr eine durch die Tradition geheiligte Kuh, derer man sich getrost durch mentale Schlachtung entledigen kann.

Als ich einmal Doktor S. erzählte, wie wir uns ernähren, sagte er: »Ich tippe, dass Sie mit dieser Ernährung 104 Jahre alt werden und Ihr Mann 101. Ich gratuliere Ihnen schon jetzt zu diesen Rekordleistungen, denn ich glaube nicht, dass ich das erleben werde ...«

Der Computer

Berthold

Wir leben im Computerzeitalter, keine Frage. Der Computer dringt in alle Lebensbereiche vor. Je früher man sich mit ihm vertraut macht, so ist die allgemeine Auffassung, desto gewandter kann man später an ihm herumfummeln und eine sagenhafte Karriere als Consultant oder Börsenmakler einschlagen. Wenn erst mal in den Kindertagesstätten jeder Dreijährige vor seinem Laptop sitzt und bereits der Säugling in einen kleinen Monitor blicken kann, auf dem das Bild seiner Mutter erscheint, dann sind Erkenntnisfortschritt und Wirtschaftswachstum unausweichlich.

Wir Senioren fallen da etwas aus dem Rahmen, wir sind eindeutig von gestern. Die meisten meiner Bekannten fürchten den Computer wie der Teufel das Weihwasser. Es ging ja auch bisher ohne, warum sollte man sich das also antun? Der eine lässt sich von seinem Enkelsohn ein wenig in die Geheimwissenschaft einführen – und hat alles binnen kurzem wieder vergessen. Der andere belegt zwölf Doppelstunden in der Volkshochschule, gewinnt den großen Durchblick, müsste jetzt nur noch einen eigenen Computer kaufen, um durch laufende Praxis den Wissensstand zu halten – kann sich aber zu diesem finalen Akt (der auch mit erheblichen Kosten verbunden wäre) nicht durchringen und erleidet am Ende ebenfalls einen galoppierenden Gedächtnisschwund.

Ich muss gestehen, dass ich es eigentlich wie die Mehrheit meiner Altersgenossen halten, also Computer-Abstinenz üben wollte. Als wir nun aber beide im Ruhestand waren, kam bei uns der Gedanke auf, noch einmal etwas Neues zu wagen, unser Haus zu verkaufen und woanders eine Immobilie zu erwerben – selbstverständlich im Ländle und nicht etwa an der Waterkant oder in Neuseeland. Bald stellte sich heraus, dass wir allein mit Zeitungsanzeigen nicht das gewünschte Objekt finden würden, denn im Computerzeitalter hatten sich offensichtlich andere Praktiken verbreitet. So sagte ich zu meiner Ehefrau: »Irmhilde, mir brauchet en Computer!«

Die Irmhilde war damit im Prinzip einverstanden, wollte aber selber mit dem »Puter«, wie sie ihn nannte, in der Praxis nichts zu tun haben. Das Putern würde also komplett in meine Verantwortung fallen. Das war eine heroische Entscheidung. Ich wusste damals noch nicht, was da auf mich zukommen würde.

Der erste Schritt war einfach: Es gab ein relativ preiswertes Laptop-Angebot von der Telekom, das auch die Installation des Zaubergeräts umfasste. Der Mann von der Telekom erschien und sagte, in einer halben Stunde sei alles fix und fertig. Tatsächlich brauchte er zweieinhalb Stunden, weil er eine Vorinstallation des Geräts übersehen hatte. Er wird wohl einen gehörigen Anpfiff in seiner Zentrale bekommen haben.

Sodele, ich hatte ein paar Tipps vom Fachmann erhalten, die allerdings meine damalige Aufnahmekapazität erheblich überstiegen. Es tröstete mich jedoch, dass der Fachmann am Ende seines Schnellkurses sagte, im Prinzip sei alles ganz einfach. Noch mehr Trost spendete mir die Antwort auf meine Frage, ob bei einem falschen Tastendruck alles explodieren oder in sich zusammenbrechen könne. Der Mann sah mich nachdenklich an und sprach dann das schöne Wort: »Nein!«

Wie sollte es nun weitergehen? Ein Enkelsohn stand mir nicht zur Verfügung, und der Volkshochschulkurs würde ein Vierteljahr lang dauern – so lange wollte ich in meinem Tatendrang nicht warten. Was tun? Ich beschloss, mich todesmutig in das wirkliche Leben zu stürzen. Ich suchte also ein Internet-café auf, wo es doch von Experten nur so wimmelt, um bei ihnen Rat und Anleitung zu suchen.

Im ersten Etablissement dieser Art waren allerdings nur zwei Personen. Es gab ein interessantes gemischtes Angebot: In der einen Hälfte des Raumes waren Glücksspielautomaten an der Wand angebracht, in der anderen standen auf einem Tisch zwei Computer. Ein Mann war an einem Automaten tätig – ihn konnte ich schlecht stören, denn zum einen beschäftigte er sich mit anderen Dingen als Putern, zum anderen hätte ich ihm vielleicht Pech gebracht. Die zweite Person war eine Frau, die den Glücksspielern und Computer-Nutzern Bier brachte.

Ich ging aufs Ganze und orderte ein Bier, das mir umgehend serviert wurde. Dann fragte ich die Frau, ob sie mich ein wenig in die Handhabung des Geräts einführen könnte. »Was wissen Sie denn schon?«, wollte sie wissen. Ich sagte: »Nichts.« Eine solche Antwort hatte sie noch nie in ihrem Leben gehört, und vor lauter Verwunderung hätte sie beinahe das eben abgestellte Glas Bier umgestoßen.

Ach, es war eine herzensgute Frau, die mütterliches Mitleid mit dem bejahrten Dummerjan empfand und mir dieses und jenes zeigte und erklärte. Da mir alles so furchtbar neu war, konnte ich mir beileibe nicht jede Einzelheit merken. Doch das eine oder andere blieb immerhin hängen. Mit diesem ersten Wissen begab ich mich schnurstracks nach Hause, um es anzuwenden. Da mir ja von meinem ersten Informanten versichert worden war, dass nichts explodieren oder zusammenbrechen könne, machte ich mich munter ans Werk und kam sogar zu etlichen brauchbaren Ergebnissen.

Mit diesem fundamentalen Wissen begab ich mich nun in ein anderes Internet-Café mit erheblich mehr Geräten. Ich kam neben einem überaus freundlichen, dunkelhäutigen Gentleman aus Dubai zu sitzen, der es sich nicht nehmen ließ, mir weitere Anwendungsgeheimnisse zu verraten. Und so ging es weiter. Mein Wissen wuchs und wuchs, und es dauerte nicht lange, bis ich die passenden Immobilienangebote im Internet aufspüren konnte. Ich lernte auch E-Mails zu versenden und konnte Kontakt zu den Hausanbietern aufnehmen.

Am Ende fanden wir zwar unser Haus über eine Zeitungsanzeige, aber ich hatte mir nun eindeutig den Zugang zum Computerzeitalter verschafft. Die Irmhilde schaut bewundernd zu, mit welcher Affengeschwindigkeit ich jetzt am Gerät arbeite. Ein oder zwei Stunden am Tag vor dem Monitor, das gehört zu meiner normalen Tagesgestaltung. Wenn in dieser Zeit ein Telefonanruf erfolgt, sagt die Irmhilde: »Telefonieret Se später a, dr Berthold schafft grad am Puter ...«

Das Heiligsblechle

Irmhilde

Ursprünglich hatten wir zu Beginn des Ruhestands zwei Autos. Das war das Erbe unseres Berufslebens, denn wir wohnten zwar zusammen in einem Haus, schafften aber an ganz verschiedenen Arbeitsplätzen – ich kann nur sagen: Gott sei Dank! Rund um die Uhr hätte ich den Berthold in jener Zeit nicht ertragen können, das hätte unweigerlich zur Scheidung geführt!

Jetzt war der Berufsstress vorbei, da ist man etwas gelassener und wurschtiger. Aber wir hatten zwei Autos, der Berthold hatte seinen Mercedes in den Ruhestand miteingebracht und ich meinen Golf. Die neuesten Modelle waren das beide nicht, ja sie hatten etliche Dienstjahre auf dem Buckel und hätten eigentlich auch ihren Ruhestand verdient gehabt. Aber was heißt das für ein Auto? Doch nichts anderes als Autofriedhof, und da war unsere emotionale Beziehung zu den Fahrzeugen einfach zu intensiv, das war undenkbar. Der Berthold meinte zwar, zwei Autos seien in unserer Situation übertrieben, wir könnten doch den Golf »abstoßen«, wie er sich ausdrückte. Aber das fand ich meinerseits so abstoßend, dass ich sagte, er solle doch seinen Mercedes verstoßen! Das kam natürlich überhaupt nicht in Frage. Sein alter Mercedes ist halt sein »Heiligsblechle«.

So kam es, wie es kommen musste, das heißt, es blieb alles beim Alten. Zwar sagten wir uns regelmäßig: Steuern und Versicherung und Reparaturen für zwei Autos, das ist unökonomisch, das ist heller Wahnsinn! Aber als sich der Berthold erkundigte, wie viel wir für meinen alten Golf noch bekommen würden, nannte ihm der Autohändler einen so lächerlichen Kaufpreis, dass wir uns drei Tage lang ärgerten. »Der Waga lauft no guat! Der lauft wie neu!«, sagte ich, und der Berthold wollte sich auch nicht von windigen Autohändlern über den Tisch ziehen lassen.

Wir begannen, der Situation eine positive Seite abzugewinnen. Zwei Autos – das war ja ein Zeichen von Wohlstand, oder nicht? Das kann sich nicht jeder leisten, da waren wir »wohl situiert«, wie man so sagt, wir waren geradezu »etwas Besseres«, jedenfalls in Rentner- und Pensionärskreisen. Wir fingen an zu »differenzieren«, das heißt, wenn wir am Waldrand spazieren gehen wollten, fuhren wir mit dem Golf dorthin. Waren wir dagegen bei Bekannten eingeladen, chauffierte uns der Berthold im Mercedes, womit wir uns gleich von anderen Gästen abhoben, die nur im Renault oder Subaru angekleckert kamen. Da spielte es keine Rolle, ob das brandneue Modelle waren – gegen einen gepflegten älteren Mercedes konnten sie nicht anstinken.

So hätte es noch zehn oder zwanzig Jahre weitergehen können, aber da passierte Folgendes: Ich war mit meinem Golf zum Einkaufen gefahren (da wollte der Berthold nicht unbedingt da-

bei sein) und stand bei Rot an einer Ampel. Plötzlich tat es einen dumpfen Schlag, und ich wurde jesasmäßig durchgeschüttelt. Was war geschehen? Eine Frau hinter mir war ganz in Gedanken in mich hineingefahren. Zwei Männer wären sich in dieser Situation sofort an die Gurgel gegangen, aber wir Frauen stiegen ganz zivilisiert aus, stellten uns vor und besahen uns die Bescherung. Viel war nicht zu sehen. Die Stoßstange war etwas eingedrückt. Die Frau nahm die Schuld auf sich und gab mir ihre Versicherungsnummer.

Kann ja mal passieren, sagte ich mir. Das bisschen Blechschaden wirft mich und meinen Golf nicht aus der Bahn. Später stellte sich jedoch heraus, dass es der kleine Schubser in sich gehabt hatte. Nicht nur die Stoßstange hatte etwas abbekommen, sondern der ganze Rahmen, und zwar so viel, dass es hieß: Eine Reparatur lohnt sich nicht – Totalschaden!

Damit hatte uns das Schicksal die Entscheidung abgenommen. Wir ließen uns von der Versicherung den Restwert auszahlen – das war so wenig, dass wir uns wieder drei Tage lang ärgerten. Doch immerhin hatte sich unser Leben vereinfacht, wir besaßen jetzt nur noch ein Auto, zum Glück das wertvollere. Nun fuhren wir mit dem Mercedes auch an den Waldrand. Für unsere Bekannten hatte sich nichts geändert, wir zählten mit unserem Gefährt weiterhin zur Oberklasse.

Das Problem war jetzt nur: Sollte ich mich auch als Autofahrerin in den Ruhestand versetzen lassen? Das wollte ich eigentlich nicht. Ich fühlte mich durchaus in der Lage, auch weiterhin ein Fahrzeug zu lenken, und überdies wollte ich in Übung bleiben. Das hätte jedoch bedeutet, dass ich mich auch von Zeit zu Zeit hinter das Steuer des Mercedes setzen würde. Das aber war das Heiligsblechle vom Berthold.

Der Berthold erwies sich als ein verständnisvoller Ehemann. Er sah ein, dass er – gelegentlich – auf dem Beifahrersitz Platz nehmen musste, um die Emanzipation (Frau am Steuer eines

Mercedes) nicht zu behindern. Aber ich merkte, dass er Höllenqualen litt, wenn ich nicht tupfengleich wie er schaltete und Gas gab und in die Kurve fuhr. Kurz und gut oder besser kurz und schlecht, mir war die Sache bald verleidet. Der Berthold und sein Mercedes, das war wie ein Kentaur, bei dem man auch nicht weiß, wo der Mensch aufhört und wo das Pferd anfängt.

Trotzdem, diese einseitige Lösung der Autofrage war für mich unbefriedigend. Ich rang dem Berthold das Versprechen ab, auf ein neues Auto zu sparen, mit dem wir gleichberechtigt fahren würden. Das Restgeld für den Golf bildete den Grundstock. Jeden Monat legen wir jetzt etwas zurück. Das neue Auto wäre ein – hm, wir wissen noch nicht, was das sein wird. Vielleicht sogar ein Renault oder ein Subaru. Man wird ja älter und vernünftiger, und das Benzin wird immer teurer.

Wir haben jetzt ein schönes neues Hobby: Wir gehen in die Autohäuser und setzen uns probeweise in die neuen Autos. Die glänzen und blitzen und riechen so gut, und die Verkäufer sind so höflich und zuvorkommend – das ist Balsam für die Seele.

Neulich machten wir sogar eine Probefahrt, in einem funkelnagelneuen Mercedes. Toll! Natürlich saß der Berthold am Steuer, als alter, erfahrener Mercedesfahrer. Bei der Rückkehr schrammte er allerdings ein anderes Fahrzeug. Es war nicht viel zu sehen, es war wirklich nur ein kleiner Schaden, aber der Autohändler sagte mit ernster Miene, die Sache würde mindestens dreihundert Euro kosten. Da aber der Berthold ein alter Mercedesfahrer sei und doch sicher seiner Marke die Treue halten wolle (und dabei sah er dem Übeltäter eindringlich ins Auge), würden sie das aus Kulanz auf die eigene Kappe nehmen.

Dieser kleine Schock hat aber dem Berthold gut getan. Seitdem lässt er mich auch – gelegentlich – an das Steuer von seinem Mercedes. Wenn ich dann sage: »Berthold, was isch aber, wenn ebbes passiert?«, antwortet er doch glatt wie ein orientalischer Weiser: »Irmhilde, ebbes ka immer passiera ...«

Das Fernsehen

Berthold

In nicht unterrichteten Kreisen herrscht die Ansicht, dass in Pensionärshaushalten das Fernsehen dominiert: Der Pensionär steht auf – wupps, wird der Fernseher eingeschaltet, und dann bleibt das Ding an bis zehn Uhr abends. Vergisst die schlafmützige Person, den Apparat auszuschalten, läuft er die ganze Nacht durch, was den Vorteil hat, dass man ihn morgens nicht einzuschalten braucht. Irgendwann implodiert er, dann muss ein neues Gerät her, und es geht so weiter wie eh und je.

Diesem Vorurteil muss ich als Pensionär entschieden widersprechen. Das Fernsehen spielt bei uns eine untergeordnete, bescheidene Rolle. Damit wissen wir uns im Einklang mit unserem Ministerpräsidenten, der – mit Recht – von »Scheißfernsehen« gesprochen hat, und mit unserem Literaturpapst, der die übliche Fernsehkost mit »Blödsinn« gleichgesetzt hat. So sehen wir das auch. Fernsehen ja, aber nur in homöopathischer Dosierung, damit der Dachschaden begrenzt bleibt.

Ein wichtiger Pfeiler in unserem Tagesablauf ist allerdings die »Tagesschau«. Mit ihr wird der Abend eindeutig markiert. Es gibt die Zeit vor der Tagesschau und die danach. Wir haben unser Abendessen an die Viertelstunde der Tagesschau angekoppelt. Das hat verschiedene Vorteile. Wenn die Nachrichten uninteressant sind, kann man sich auf die Speisen konzentrieren. Wenn einen umgekehrt die Nachrichten elektrisieren, kann man auch geistesabwesend ein verhältnismäßig flaues Nachtmahl mit schwarzer Wurst und lätschigen alten Wecken einfahren.

Die Tagesschau hilft überdies mit, das Gleichgewicht im Auf und Ab der brodelnden Weltgeschichte zu bewahren. Eine weltweite Finanzkrise mit »unabsehbaren Folgen«, wie die Politiker sagen, schwebt über uns wie ein Damoklesschwert. Das muss der Nachrichtensprecher sagen, aber er sagt das in untadeliger Haltung und mit exakt sitzender Krawatte. Mit

dieser überzeugenden Contenance gibt er uns zu verstehen, dass man das brodelnde Chaos trotz allem irgendwie im Griff hat. Nach drei Minuten geht es schon weiter zur nächsten Nachricht – dann kann die große Krise doch nur eine unter anderen sein. Alles halb so schlimm. Am Ende kommt das Wetter, das bleibt sich trotz aller Kapriolen im Grunde gleich, und wir fühlen uns wieder auf sicherem Boden.

Nach der Tagesschau gibt es vielleicht einen schönen »Tatort«, bei dem man sich angenehm gruseln kann. Ich muss allerdings sagen, dass uns die früheren Folgen besser gefallen haben, als noch nicht die extremsten Perversitäten aufgetischt wurden. Falls die Fernsehmacher auf der Suche nach einem Stoff sein sollten, der die Quoten in die Höhe treibt, schlage ich vor (und melde hiermit meine Verfilmungsrechte an): Ein homoerotischer Ziegenbock erleidet bei einem Seitensprung mit einer Klapperschlange einen Herzinfarkt, der sich bei näherer Untersuchung jedoch als infamer Auftragsmord durch einen Mafiakiller im Dienste der globalen Pharmaindustrie entpuppt. Wow!

Im Allgemeinen sind die Irmhilde und ich uns einig, was wir sehen wollen. Aber es gibt auch Meinungsverschiedenheiten. Da steht zum Beispiel ein Schicksalsspiel unserer Fußballnationalmannschaft ins Haus, das ich mir natürlich in voller Länge reinziehen möchte. Die Irmhilde dagegen langweilt sich beim Fußball, was mir völlig unverständlich ist. Aber Mann und Frau, Sie wissen schon, passen nicht immer zusammen. Nun fängt das Spiel ja aus undurchsichtigen Gründen erst um drei viertel neun an. In der halben Stunde vor Anpfiff reden irgendwelche Experten über alles Mögliche, um die Zeit zu füllen und die Zuschauer bei der Stange zu halten. Das kann man sich getrost schenken, denn das Spiel läuft meist ganz anders, als es die professionellen Besserwisser vorhersagen.

Eine halbe Stunde lang könnte man sich also einen Spielfilm auf dem anderen Kanal ansehen, also eine Romanze von Rosamunde Pilcher im pittoresken Cornwall. Eine halbe Stunde würde mir genügen, dann eine Dreiviertelstunde Fußball, und in der Halbzeitpause könnte man sehen, ob sich das Paar in Cornwall schon gekriegt hat oder ob es noch dauert. Dann die zweite Halbzeit, in der es um alles oder nichts geht. Als Kompromiss könnte ich der Irmhilde vorschlagen, dass man bei einem Einwurf oder wenn Michael Ballack auf der Bahre vom Feld getragen wird (was gut und gerne drei Minuten dauern kann) zum Pilcher-Kanal umschaltet. Wenn man dort durchweg strahlende Gesichter sieht, ist alles klar, also sofort zurückschalten zum Spiel. Sollte da inzwischen ein Tor gefallen sein, würde ich mir natürlich die Haare raufen, aber meistens haut das mit der Umschaltmethode hin.

Das klingt doch vernünftig, oder nicht? Aber die Irmhilde sagt, bei dieser Hin- und Herschalterei käme sie in keine Illusion, und sie setzt mir die Pistole auf die Brust: Fußball oder Pilcher! Und wenn ich »Fußball!« sagen würde, brächte sie es fertig, die Scheidung wegen Herzlosigkeit und tiefgehender Zerrüttung der Ehe einzureichen!

Wir haben das Problem dadurch gelöst, dass wir uns einen zweiten Fernseher angeschafft haben, der im Gästezimmer steht. Bei unterschiedlichen Fernsehauffassungen kann ich mich dorthin zurückziehen. Der Bildschirm ist etwas kleiner, aber den Ball kann ich noch erkennen. Manchmal ist das Spiel unserer Mannschaft allerdings so lausig, dass ich in meinem separaten Fernsehzimmer hählinga auf Pilcher umschalte. Daran sieht man, dass Mann und Frau doch nicht so weit auseinander sind, wie behauptet wird.

Der Mann als Haushaltshilfe

Irmhilde

Wenn wir erst mal beide pensioniert wären, dann würde er auch im Haushalt helfen, hatte der Berthold versprochen und noch hinzugefügt: »Selbschtverschtändlich!« Er ging ja früher als ich in den Ruhestand, und da wäre es eigentlich sinnvoll gewesen, wenn er sich schon in dieser Zeit als Haushaltshilfe betätigt hätte. Aber irgendwie wurde nichts daraus. Zur Erklärung sagte der Berthold, er sei halt mit den Haushaltsdingen nicht so vertraut wie ich, und da bestünde die Gefahr, dass er zum Beispiel am falschen Hebele des Staubsaugers ziehe oder dass ihm der Spätzlesteig zu dünn gerate. Er hatte einige solcher Schreckensszenarien auf Lager. Was soll man da machen? Am Ende zieht er mit Fleiß am falschen Hebele oder sorgt vorsätzlich dafür, dass die Spätzle vergroatet, und ich muss das Chaos in der Küche beseitigen.

Etzatle, es war so weit, ich zog gleich und befand mich nun auch im Ruhestand. Die Ausreden von früher waren also nicht mehr möglich. Jetzt hätte der Berthold sein Versprechen in die Tat umsetzen können. Ich wäre durchaus nachsichtig mit ihm gewesen, wenn er nicht gleich alles perfekt hingekriegt hätte. Er wäre ja zunächst eine Art Haushaltsazubi gewesen und hätte mit etwas gutem Willen viel von mir lernen können. Ich malte mir aus, wie ich nach einer gewissen Zeit vierzehn Tage zu meiner Cousine fahren könnte – der Berthold würde daheim schon den Haushalt schmeißen.

Aber mit der Ausbildung vor Ort war das gar nicht so einfach. Die Schwierigkeiten begannen damit, dass der Berthold erklärte, er könne nicht alles auf einmal erlernen, da würde er sich verzetteln und damit sei uns beiden nicht geholfen. Es musste also erst ein Spezialgebiet für den Berthold gefunden werden, auf dem er sicherlich Überdurchschnittliches leisten würde, wenn er erst einmal mit den Abläufen vertraut wäre.

»Ja was dätscht denn gern macha, Berthold?«, fragte ich ihn. Da stellte sich heraus, dass er eigentlich nichts von dem, was ich ihm vorschlug, »gerne« machen wollte. Es war wie im

Märchen vom Rumpelstilzchen. »Möchtscht Kartoffel schäla?« Nein, das wollte er nicht. »Möchtscht Fenschter putza?« Nein, das wollte er nicht. »Möchtscht d' Wäsch' wascha?« Nein, das wollte er schon gar nicht. »Ja wa möchtscht denn überhaupt?« Er druckste herum und brachte schließlich heraus, dass er am liebsten seine Ruhe möchte.

O Heimatland! Waren das nur leere Versprechungen gewesen, die der Berthold in den Raum gestellt hatte, in der Hoffnung, dass Gras darüber wachsen würde? Ich erzählte meiner Freundin Babette von meinen niederschmetternden Erfahrungen, und sie sagte, das komme ihr sehr bekannt vor. Aber es gebe doch noch einen kleinen Hoffnungsschimmer, und damit drückte sie mir ein Büchle in die Hand, das den Titel trug: »Du und dein Ehemann – Tipps und Tricks für den Alltag«.

Sie – aus dem Büchle kann man viel lernen! Die Autorin betonte, dass man den Mann nicht von vornherein verdammen müsse, er habe seine guten und seine schlechten Seiten, seine Stärken und seine Schwächen. Die Ehefrau müsse die Schwächen in Gottes Namen hinnehmen, könne aber, wenn sie geschickt auf der Klaviatur der männlichen Stärken und Schwächen spiele, doch noch manche aussichtslos erscheinenden Situationen zum Guten wenden.

Ich las weiter, dass man in Haushaltsdingen nicht zu viel vom Ehemann erwarten dürfe. Wie wahr! Man könne aber doch im Einzelnen einen aktiven Einsatz von Seiten des Mannes dadurch provozieren, dass man an seinen Ehrgeiz und sein maskulines Dominanzgefühl appelliere.

Das klang zunächst sehr gelehrt. Doch im praktischen Leben war es relativ einfach. Ich sagte also zum Berthold, dass ich zwar mein ganzes Leben lang schon Kartoffeln geschält, aber immer ein dummes Gefühl dabei gehabt hätte. Irgendwie wäre es mir nicht gelungen, den richtigen Dreh herauszufinden. Und wie sehr ich mich auch bemühen würde, ich käme einfach nicht dahinter, woran das liege.

Zu Beginn meiner Kartoffelrede hatte ich das deutliche Gefühl, dass der Berthold und seine Ohren auf Durchzug geschaltet hatten. Aber sowie ihm dämmerte, dass es sich hier um ein Problem mit einem hohen intellektuellen Anspruch handelte, erwachte sein Interesse. Er erklärte das Kartoffelschälproblem zur Chefsache. Zunächst probierte er alle im Haushalt vorhandenen Messer aus. Dann suchte er Fachgeschäfte auf, in denen er sich mit diversen Kartoffelschälern versorgte. Das war natürlich eine Ausgabe, die mir überflüssig vorkam, aber das Ganze diente ja einem guten Zweck.

Schließlich hatte der Berthold die optimale Kartoffelschälmethode ausgetüftelt, die den abwechselnden Einsatz von Messer und Schäler beinhaltete, je nach Form und Beschaffenheit der individuellen Kartoffel. Nun forderte er mich zu einem vergleichenden Kartoffelschältest heraus: ich nur mit Messer, er mit seinen beiden Spezialwerkzeugen. Ich zwang mich dazu, etwas langsamer zu schälen als gewohnt, und der Berthold ging eindeutig als Sieger aus dem Showdown hervor. Überdies, das muss ich zugeben, hatte er dünner geschält als ich.

Seitdem ist das Kartoffelschälen fast schon Bertholds Hobby. Am liebsten wäre es ihm, wenn es jeden Abend Kartoffeln zu verarbeiten gäbe, aber da muss ich natürlich seinen Tatendrang zügeln. Im Augenblick entwickeln die Babette und ich eine Strategie, wie wir unseren Ehemännern das Fensterputzen schmackhaft machen könnten. Da sind natürlich viel höhere psychologische Hürden als beim Kartoffelschälen zu nehmen, aber wir sind optimistisch, dass wir das den Herren der Schöpfung auch noch unterjubeln.

Schwabenalltag

In Ihrer Buchhandlung

Wolfgang Brenneisen

Das Büchle vom Bäuchle

Eine heitere Nabelschau in 24 Episoden

Mit 40 wird der Schwabe g'scheit – und kriegt ein Bäuchle ... Anschaulich wird hier geschildert, wie so einer heroisch gegen seinen »Ranzen« ankämpft. Das ultimative Geschenk für alle Männer, die an ihrer Wampe schwer zu tragen haben.

Mit Zeichnungen von Sepp Buchegger. 100 Seiten, fester Einband. ISBN 978-3-87407-782-8

Olaf Nägele

Ha noi Express

Heitere Ausflüge in den schwäbischen Alltag

Eine rasante Fahrt im Ha noi Express. Dessen Besitzer, Taxifahrer Schraidle, raubt dem Erzähler mit absurden Weltverbesserungsvorschlägen und wichtigen Fragen wie »Sind Debreziner ansteckend?« den Nerv… Eine satirische Fahrt in die Abgründe des täglichen Lebens.

144 Seiten, fester Einband. ISBN 978-3-87407-806-1

Silberburg-Verlag

www.silberburg.de